Die faszinierende
Welt des
SNOOKER

ROLF KALB

Die faszinierende
Welt des
SNOOKER

ROLF KALB

MIT RONIT JARIV

Edel Books
Ein Verlag der Edel Germany GmbH

Copyright © 2018 Edel Germany GmbH, Neumühlen 17, 22763 Hamburg
www.edelbooks.com
2. Auflage 2019

Redaktion: Ronit Jariv
Projektkoordination: Dr. Marten Brandt
Lektorat: Ursula Fethke
Umschlagfotos: Sebastian Fuchs
Layout und Satz: Datagrafix GSP GmbH, Berlin
Umschlaggestaltung: Groothuis. Gesellschaft der Ideen und Passionen mbH | www.groothuis.de

Druck und Bindung: optimal media GmbH, Glienholzweg 7, 17207 Röbel / Müritz

Alle Rechte vorbehalten. All rights reserved. Das Werk darf – auch teilweise – nur mit Genehmigung des Verlages wiedergegeben werden.

Printed in Germany

ISBN 978-3-8419-0611-3

VORWORT

Liebe Leserin, lieber Leser, liebe Snookerfans,

ich habe einen absoluten Traumjob: Ich darf den besten Snookerspielern der Welt das ganze Jahr über die Schulter blicken, darf darüber reden und werde sogar noch dafür bezahlt. Für dieses große Privileg bin ich sehr dankbar.

Seit vielen Jahren verfolge ich die Snookerszene und bin mittlerweile auch selber Teil der Snookerfamilie. Dieses Buch soll Ihnen einen kleinen Blick hinter die Kulissen erlauben. Sie können in die Welt des Snooker eintauchen und erfahren vieles über meinen Arbeitsalltag (und damit zwangsläufig auch über mein Leben). Ich hoffe, Sie finden die Lektüre spannend. Und wenn Sie dabei der Snookervirus noch mehr packt, ist alles prima.

Herzliche Grüße und viel Spaß beim Lesen

Ihr / Euer

PROLOG

WM-FINALE 2018

Mai 2018 im Crucible Theatre in Sheffield. Das legendäre „The Crucible", seit 1977 Austragungsort der Snookerweltmeisterschaft, gilt als Kathedrale des Snookersports. Jeder Spieler und jeder Fan bekommt eine Gänsehaut, wenn er an das Crucible denkt. Es ist ein mystischer, beinahe heiliger Ort, auf jeden Fall die spirituelle Heimat dieses Sports. Das Besondere: Die Zuschauerränge fallen in diesem Theater steil ab und reichen bis ganz dicht an die Spieltische heran – das schafft eine einzigartige Atmosphäre. Das Crucible Theatre bietet nur etwa 980 Plätze (ein skurriler Anachronismus, man könnte viel mehr Tickets verkaufen), aber in der Arena spürt man die Blicke und den Atem der Zuschauer geradezu körperlich. Hinzu kommt das Wissen um die Tradition und die Geschichte. Jeder weiß, dass im Crucible Karrieren gekrönt wurden und werden, aber auch zerbrechen können.

Die WM, der alljährliche Höhepunkt jeder Snookersaison, ist die Mutter aller Turniere, ein Zermürbungskampf. Der Wettbewerb dauert satte 17 Tage. Ein Spieler, der das Finale erreicht, hat zu dem Zeitpunkt (wenn er gesetzt war und sich vorher nicht noch qualifizieren musste) vier Spiele hinter sich, Spiele, die locker mal zehn Stunden und mehr dauern können. Er hat schon 53 Frames geholt. Und dann kommt der Hammer, denn im Gegensatz zu den meisten anderen Sportarten, in denen die vorgegebene Spielzeit oder Anzahl der einzelnen Spielabschnitte bei allen Spielen gleich ist, wird beim Snooker die Schlagzahl im Finale nochmals deutlich erhöht. Im WM-Finale wird „best of 35" gespielt, also maximal 35 Frames über maximal vier Sessions, verteilt auf zwei Tage. 18 siegreiche Frames trennen einen Finalisten also noch vom ersehnten Titel. Eine echte Marathonstrecke und eine enorme körperliche, aber vor allem mentale Herausforderung für die Spieler.

Doch zurück zum Mai 2018. Am Snookertisch: zwei Männer Anfang 40 mit leichtem Bauchansatz. Beim einen ist das schüttere Haar schon deutlich ergraut, beim anderen lässt die Stoppelfrisur das Grau der Haare erahnen. Beide gewandet in einen merkwürdig formalen Dress, der aus Stoffhose, Hemd, Weste, Fliege und blank polierten Straßenschuhen besteht – ihr Erscheinungsbild würde einen zufällig reinzappenden Fernsehzuschauer möglicherweise frappieren, so ungewöhnlich ist so etwas heutzutage. Dabei stehen sich hier zwei Giganten des Sportes gegenüber, zwei Veteranen der „goldenen Generation", die sich schon als Junioren regelmäßig gemessen haben und die beide im selben Jahr, nämlich 1992, Profis wurden. 26 Jahre später hat der eine, John Higgins, vier WM-Titel gewonnen, der andere, Mark Williams, immerhin zwei – den letzten davon allerdings vor bereits 15 Jahren. Beide gelten als absolute Spitzenspieler und Meister ihres Fachs, aber während John Higgins sich relativ konstant an der Spitze hielt, verlief die Karriere von Mark Williams wesentlich holpriger mit vielen Auf und Abs: Zur WM 2017 konnte er sich noch nicht einmal qualifizieren und dachte ernsthaft darüber nach, seine Karriere zu beenden. Seiner Frau Joanne ist es zu verdanken, dass er damals sein Queue nicht an den Nagel hängte. Doch in der Saison 2017/18 erlebte er plötzlich einen zweiten Frühling, gewann zwei Ranking-Events, darunter das German Masters in Berlin.

Nun stehen sich diese zwei Snooker-Dinosaurier und lebenden Legenden in einem Traumfinale gegenüber. Um die technische Brillanz der beiden weiß man, wissen die Zuschauer seit vielen Jahren, aber in diesem WM-Finale wird sich zeigen, wer die größere mentale Stärke hat. Nur darauf kommt es in einer solchen Begegnung zwischen Topspielern auf Weltniveau letztlich an. Die Weichen sind gestellt für ein neuerliches Drama in der so dramenreichen Welt des Snooker.

Drei Stunden, 59 Minuten und 24 Sekunden effektiver Spielzeit später steht es 7:7, inklusive der Pausen sind das sechs Stunden höchster Konzentration und Anspannung. Das Finale hatte für Higgins denkbar schlecht begonnen, beim ersten Midsession Interval stand es 4:0 für Williams. Doch Higgins kämpft sich auf 7:7 heran, den letzten Frame hat er mit einem Break von 117 Punkten in Serie gewonnen (bereits sein drittes Century in diesem Spiel) und scheint nun endgültig auf Betriebstemperatur zu laufen. Er könnte jetzt, in Frame 15, zum ersten Mal in diesem Spiel in Führung gehen. Und was passiert? Higgins verschießt eine lange Rote als Einsteiger. Williams will eine nach menschlichem Ermessen unlochbare lange Rote sicher an der Bande ablegen, doch sie prallt von Grün ab und senkt sich als Fluke, also quasi aus Versehen, in die Ecktasche. Nach einem Snooker von Williams, einem Foul von

Higgins und anschließend einer Safety von Williams liegt wieder eine lange Rote für Higgins da – und erneut verschießt er – diesmal meilenweit! Nun ist es geschehen: Für seinen Gegner bleibt ein einfacher Einsteiger liegen. Williams öffnet mit einem guten Stoß den Pulk der Roten und spielt das Break mit einer Clearance von 123 zu Ende, zum 8:7.

Higgins hatte über mehrere Frames fantastisch gespielt, um seinen Rückstand aus der ersten Session aufzuholen, doch nun wirkt er überraschend fahrig, unkonzentriert. Mark Williams gewinnt auch die letzten beiden Frames der Session und beendet den ersten Tag mit einer 10:7-Führung.

John Higgins weiß aber genau, dass ein solcher Rückstand noch keine Vorentscheidung sein muss. Ein Jahr zuvor, in seinem WM-Finale gegen Mark Selby, hatte er schon mit 10:4 vorne gelegen und den ersten Tag letztlich mit einer 10:7-Führung beendet. Am Ende aber war es nicht Higgins, sondern Selby, der mit 18:15 das Match und damit auch den Titel holte. Sollte sich die Geschichte nun mit umgekehrten Vorzeichen wiederholen? Eine echte Chance hat Higgins indes nur, wenn er optimal in den zweiten Tag startet. Aber genau das gelingt ihm nicht. Williams ist der konstantere Spieler und gewinnt die ersten vier Frames am Montagnachmittag; der Druck, der auf Higgins liegt, ist brutal. Mit 14:7 gehen die Spieler ins Midsession Interval der dritten Session, ein riesiger Vorsprung für Mark Williams, der lediglich noch vier Frames zum Sieg braucht. Mittlerweile sind bei dieser WM 16 ½ Tage gespielt. Anderthalb Tage, drei Sessions des WM-Finales.

John Higgins hockt im 21. Frame mit – je nach Interpretation – leerem bis leicht geschocktem Gesichtsausdruck auf seinem Stuhl. Es droht die Höchststrafe: schon in drei Sessions so weit zurückzuliegen, dass die vierte Session komplett entfällt – eine Schande für jeden Spieler und umso mehr für einen viermaligen Weltmeister. Was geht in diesem Moment in ihm vor? Wie motiviert man sich in einer solchen Situation?

Das Match scheint gelaufen. Doch jetzt schlägt die Stunde von John Higgins, dem „Wizard of Wishaw", der für seine Zähigkeit und Kämpferqualitäten bekannt ist.

Der erneute Wendepunkt kommt in Frame 22: Williams verschießt eine lange Rote. Higgins bekommt den Einsteiger, locht danach eine extrem schwierige Schwarze, die fast an der Bande liegt, mit viel Gefühl und Zuhilfenahme des Ecktascheneinlaufes mit Bravour ein. Viermal Rot, dreimal Schwarz. Anschließend verschießt er die Schwarze vom Spot und bringt damit Williams wieder ins Spiel. Dieser führt im Frame mit 29:25 – als ein Split schiefgeht und er die Stellung verliert. Er muss mit einer Safety aussteigen. Nun kommt Higgins mit einer fantastischen Safety, durch die er Williams sofort unter Druck setzt. Die Konsequenz: ein großartiger langer Einsteiger des Schotten. Eine unglaubliche Nervenstärke in dieser Situation, bei einem Stand von 14:7, also mit einem Fuß im Abgrund. Den Rest des Frames spielt Higgins locker runter und gewinnt auch die nächsten zwei Frames.

Was für eine Achterbahnfahrt der Emotionen! Den Zuschauern bietet sich ein Psychokrimi, wie ihn sich kein Hollywood-Drehbuchautor besser ausdenken könnte. Thomas Hein, mein Co-Kommentator, und ich sitzen mit feuchten Händen am Mikrofon. Alfred Hitchcock lässt grüßen.

John Higgins kämpft sich Schritt für Schritt, Frame für Frame zurück, schafft das 15:15. Der ganze schöne Vorsprung für Mark Williams ist dahin! Die Atmosphäre ist zum

Zerreißen gespannt. Beide Familien, die Ehefrauen Jo und Denise, die Kinder (jeweils drei an der Zahl), sitzen im Publikum, werden von den Kameras immer wieder gesucht. Auch für sie ist die Veranstaltung ein Wechselbad der Gefühle, die Nervenanspannung ist ihren Gesichtern allzu gut abzulesen, sie können teilweise nicht mehr hinschauen. Die Kinder von Mark Williams waren alle noch nicht auf der Welt, als er seine ersten beiden WM-Titel holte. Natürlich will er ihnen hier etwas bieten, hofft, dass sie live miterleben können, wie ihr Vater den WM-Pokal hochhält.

In einer solchen Situation kann ein Spieler zerbrechen, wenn er den Glauben an sich verliert, sich zu hinterfragen beginnt. Nicht so Mark Williams. Der hat die nötige Gelassenheit, vor allem aber die psychische Stärke, gewinnt den 31. Frame klar mit zwei mittleren Breaks zu null, macht also das 16:15, und holt anschließend sogar mit einem Century Break das 17:15. Und plötzlich hat er wieder alle Trümpfe in der Hand. Das Momentum hat die Seite gewechselt und jeder hat das Gefühl, das war die Vorentscheidung. Ein Gefühl, das sich im 33. Frame noch verstärkt, als Williams in ein Break kommt, den Tisch relativ offen vor sich liegen hat – ein Bild, das er auf jeden Fall zum frameentscheidenden und damit auch matchentscheidenden Break nutzen kann. Ein Bild, das er schon zigmal vor sich gehabt, aus dem er schon so oft ein hohes Break gemacht hat.

Aber nicht hier und heute. Beim Stand von 63 Punkten muss er Pink spielen, eigentlich ein leichter Ball, doch in dieser Situation gibt es keine leichten Bälle mehr. Dies ist schließlich der Frameball, in diesem Fall sogar der Matchball, der Ball, der dafür sorgen würde, dass Higgins Snooker braucht –

und damit der Ball, bei dem der Druck am allergrößten ist. Williams, der hat ja bewiesen, dass er mit Druck umgehen kann ... Mark Williams verschießt Pink! Zwar führt er mit 63:0, aber der Frame ist noch nicht sicher. Es liegen noch genügend Punkte für John Higgins auf dem Tisch.

Und dann gelingt Higgins wieder das, was er schon so oft gezeigt hat, unter anderem in diesem Match: Mit dem Rücken zur Wand pickt er sich einen Ball nach dem anderen heraus, locht einen Ball nach dem anderen fehlerlos, bleibt cool bis in den letzten Winkel seiner Seele, spielt eine 65er-Clearance, räumt bis zum letzten schwarzen Ball den Tisch ab und gewinnt damit diesen Frame mit 65:63 hauchdünn. Damit hat er auf 16:17 verkürzt, hat sich vorerst in einen 34. Frame gerettet – eine erneute Wende in diesem bereits so wendungsreichen Spiel.

Frame 34: Williams bekommt die erste Chance, locht die erste Rote, hat aber keine Fortsetzung. Es gibt noch ein Safe-Duell und dann plötzlich eine zweite Gelegenheit für Williams. Ein roter Ball aus dem Gewusel heraus – es herrscht schieres Chaos auf dem Tisch – ganz dünn in die Mitteltasche gelocht, dann eine Reihe von schweren und allerschwersten Bällen. Ich erinnere mich vor allem an einen Ball, den er diagonal den langen Weg über den ganzen Tisch lochen muss, 3,70 bis 3,80 m, den er ganz präzise und ganz sicher locht, ohne dass der Ball irgendwo die Bande mitnimmt. Und das sind bei Weitem nicht die einzigen schwierigen Bälle, die er versenkt: „The Welsh Potting Machine" macht seinem Spitznamen alle Ehre und geht konzentriert einen haarigen Ball nach dem anderen an. Er bewahrt die Ruhe, hat die Nervenstärke, die mentale Kraft, trotz aller Rückschläge, die er vorher hat hinnehmen müssen, und spielt in dieser prekären Situation dann das letztendlich entscheidende Break von 69 Punkten zum Titelgewinn. John Higgins bringt es nachher auf den Punkt, als er sagt, das sei beinah unmenschlich gewesen und eines der besten Breaks, die ein Spieler jemals unter Druck gespielt habe.

KAPITEL 1

FASZINATION SNOOKER

Das WM-Finale 2018 bot alles, was den Snookersport so faszinierend macht: zwei Meister ihres Metiers in Topform, spektakulär gelochte Bälle zuhauf, ein Breakbuilding vom Allerfeinsten, taktische Duelle auf höchstem Niveau, eine lange Strecke mit mentalem Auf und Ab, eine unglaubliche Aufholjagd, einen verschossenen „Matchball" und einen Sieger, der im Vorjahr noch an der Qualifikation gescheitert war und im letzten Frame ein Break der Extraklasse spielte. Das sind die magischen Momente, Momente, die keinen kalt lassen, in denen wirklich jeder mitfiebert, in denen jeder, der sich darauf einlässt, feuchte Hände bekommt vor lauter Anspannung und Aufregung.

SLOW BURNING DRAMA

Als „Slow Burning Drama" wird gerne bezeichnet, was sich rund um den grünen Tisch abspielt – ein auf kleiner Flamme vor sich hin köchelndes Drama beziehungsweise eine Abfolge vieler kleiner und mittlerer Dramen, die am Ende zu einem Kulminationspunkt finden und sich zu einem grandiosen Spannungsbogen vereinigen. Manchmal gerät dieses Drama, wie beim WM-Finale gesehen, zur Achterbahnfahrt. Tatsächlich entschieden ist ein Snookermatch erst dann, wenn der entscheidende Frameball gelocht und der Tisch abgeräumt wurde oder aber wenn das Punktepolster so groß ist, dass der Gegner garantiert nicht mehr an den Tisch kommt. Es ist erst vorbei, wenn der Gegner einem die Hand schüttelt und/oder der Schiedsrichter sagt „Frame and Match ..." Bis dahin kann das Match in jedem Moment noch kippen. Das gilt im Prinzip für jede Sportart, doch wie oft gewinnt schon einmal eine Fußballmannschaft, die 0:6 hinten liegt?

Im Snooker kommen solche Sensationen gar nicht so selten vor.

Gerade bei längeren Distanzen, wie sie vor allem bei der Weltmeisterschaft vorkommen, kann man immer wieder erleben, dass ein Spieler eine starke Phase hat, vielleicht sogar eine starke Session, dann aber auch wieder Schwächephasen, in denen der Gegner aufholen kann. Das ist auch der eigentliche Grund für das Phänomen, das ich gerne Päckchentheorie nenne: Eher selten gewinnen die Spieler die Frames im Wechsel; in der Regel holt ein Spieler ein paar Frames hintereinander, dann aber bekommt der Gegner wieder einen Lauf. Zugegebenermaßen ist die statistische Wahrscheinlichkeit höher, dass die Frames nicht im Wechsel gewonnen werden. Trotzdem: Schon ein kleines Nachlassen der Konzentration kann zu Schwächephasen führen, schon ein einziger verschossener Ball zur Folge haben, dass der Faden reißt. Umgekehrt kann auch ein einziger guter Ball den Spieler wieder in die Spur zurückbringen. Die Spieler an der Weltspitze haben zudem sehr sensible Antennen für die mentale Situation des Gegners. Sie spüren, wenn der andere zu kämpfen hat, und das kann ihnen (zumindest vorübergehend) Flügel wachsen lassen.

Die Aufholjagd von John Higgins beim WM-Finale startete bei 7:14, also als Mark Williams einen Vorsprung von sieben Frames hatte. Doch in diesem Fall ging das Ganze für Williams noch mal gut aus. Ein Beispiel dafür, wie man trotz eines satten Vorsprungs verlieren kann, ist das legendärste Match überhaupt, das WM-Finale 1985 zwischen Steve Davis und Dennis Taylor, das bei der BBC in der Spitzenzeit 18,5 Millionen Zuschauer live vor dem Fernseher verfolgten – bis heute ist dies die höchste Zuschauerzahl aller Zeiten bei einer Sport-Liveübertragung des britischen Senders. Kein Fußballspiel, kein Rugbyspiel, keine Olympischen Spiele haben jemals einen solchen Zuschauerrekord generiert wie dieses WM-Finale. Steve Davis galt damals als unschlagbar. Er war der Dominator der Szene, hatte den WM-Titel bereits dreimal gewonnen und ging, für niemanden weiter überraschend, mit 8:0 in Führung. Doch dann geschah, was sich keiner hätte vorstellen können: Davis' enormer Vorsprung schmolz dahin wie Schnee in der Sahara. Entschieden wurde das Finale schließlich im allerletzten Frame, es ging also über die volle Distanz von 35 Frames. Es stand 17:17 und der 35. Frame wurde erst auf den letzten schwarzen Ball entschieden. Steve Davis hat später mal erzählt, dass er sich vor diesem letzten Ball immer wieder mantrahaft sagte: „Spiel den nicht zu dick, spiel den nicht zu dick, spiel den nicht zu dick." Und was machte er? Er spielte ihn zu dünn! Schwarz blieb auf dem Tisch. Dennis Taylor lochte Schwarz zum Frame- und Matchgewinn, konnte es selber kaum glauben, reckte das Queue in die Höhe. Das war einer der legendären Momente des Sports.

Möglich ist so etwas, weil Snooker eine Sportart ist, die mental extrem hohe Anforderungen an die Akteure stellt. Gerade wenn man sich die Weltklassespieler anschaut, wird man feststellen: Mit dem Queue umgehen können alle, was aber den absoluten Champion von einem guten Spieler unterscheidet, das ist die mentale Stärke, die Fähigkeit, im Laufe eines Matches auch mit belastenden und frustrierenden Situationen fertigzuwerden. Shaun Murphy hat einmal sehr richtig festgestellt: „Snooker wird zwischen den Ohren gewonnen." Wie oft haben wir schon miterlebt, dass ein Spieler merkt: Hier geht einiges schief – und dann vollkommen einbricht, bisweilen förmlich zerbröselt. Dann geht gar nichts mehr. Aber es gibt auch den umgekehrten Fall, dass der Spieler unerwartet einen guten Ball spielt, und alles, was vorher verloren schien, ist auf einmal wieder möglich. Das sind alles Sachen, die kopfgesteuert passieren. Diese Entwicklung über längere Zeitabschnitte zu verfolgen, ist ungeheuer faszinierend, eine Berg- und Talfahrt für die Spieler, bei der man sich als Zuschauer manchmal fragt: „Wie können die das überhaupt aushalten? Die sitzen da scheinbar so ruhig und müssten doch eigentlich schreiend von ihren Stühlen aufspringen oder wild mit dem Queue um sich schlagen." „Slow Burning Drama", das heißt eben auch: Irgendwann hat sich ordentlich Druck im Kessel aufgestaut, aber er darf nicht explodieren. Diesen Druck auf irgendeine Weise abzuleiten, sicherzustellen, dass die Leistungsfähigkeit nicht beeinträchtigt wird, das ist der entscheidende Schlüssel, um ein wirklich sehr guter Spieler zu sein. Was nicht heißt, dass sich nicht doch mal Emotionen Bahn brechen, sei es durch einen Faustschlag gegen die Tischkante oder ein befreites Emporrecken der Faust nach einem Sieg. Im Extremfall haben Spieler auch schon ihr Queue beschädigt, als sie das gute Stück auf den Boden donnerten. Oder sich mit einem wütenden Schlag auf die Bande die Hand verletzt. Besonders toll trieb es einmal Stephen Maguire, als er im Crucible Theatre ein durchaus mögliches Maximum Break verpasst hatte. Der Schotte stürmte daraufhin in seine Umkleide und ließ seinen Frust an den Wandkacheln aus. Eine Kachel bezahlte diesen Wutausbruch mit ihrem Leben (was allerdings keine weitreichenderen Folgen hatte, nach der WM wurde das Crucible ohnehin komplett renoviert). Der Titel für den spektakulärsten Ausraster gebührt aber Tony Drago. Der „Tornado" brauchte in einem Frame gegen Alan McManus schon Snooker, aber er holte die Foulpunkte und es gab sogar noch einen Freeball obendrauf. Den verschoss Tony jedoch. Frustriert gab er den Frame sofort auf. Dumm nur, dass er sich verrechnet hatte: Er brauchte gar keinen Snooker mehr, hatte den Frame also zu früh aufgegeben, was ihm zusätzlich eine Geldstrafe von 250 Pfund einbrachte. Als er das realisierte, schimpfte er nicht nur wie ein Rohrspatz, sondern begann, sich selber heftig zu ohrfeigen. Das tat schon beim Zuschauen weh!

PRÄZISION, DETAILS, NAHAUFNAHMEN

Beim Snooker kommt es auf Kleinigkeiten an, winzige Bewegungen können allergrößte Auswirkungen haben. Wird der Spielball mit der Queuespitze nur Milimeter-Bruchteile vom idealen Punkt entfernt getroffen, geht der Stoß meilenweit daneben, Kugeln zittern sich ins Loch oder bleiben prekär am Taschenabgrund stehen, ein Kreidestrich entscheidet über Locherfolg oder Kick, die leichteste Berührung der Bälle mit der Weste gilt als Kleiderfoul.

Nach außen wirkt alles beherrscht, doch innen brodelt es. Die Spieler gestikulieren nicht wild herum, sondern sitzen, wenn der Gegner am Tisch ist, mit Pokerface oder angespannter Miene auf ihren Stühlen. Die Kamera sucht nach Indizien der mentalen Befindlichkeit, fängt jedes Augenbrauenzucken ein, jedes Abwenden des Blicks vom Spielgeschehen, jedes Schweißabtupfen.

Und auch die Akustik fügt sich in dieses Szenario der Konzentration ein: kein Gejohle der Zuschauer wie zum Beispiel beim Darts – nur anerkennendes Klatschen (oder ein gelegentliches „Come on, Ronnie!" von der hartgesottenen O'Sullivan-Fangemeinde). Handyklingeln oder unkontrolliertes Husten können mit einem Saalverweis bestraft werden (auch wenn World Snooker als Veranstalter mit Hausrecht nur in Extremfällen zu derart drastischen Maßnahmen greift; man will das zahlende Publikum schließlich nicht vergraulen).

Apropos Husten. „Haben die alle Bronchitis?", wurde ich schon mal von TV-Zuschauern gefragt; so viel scheint bei Snookermatches gehustet zu werden. Aber bei einem Sport, wo sonst alles mucksmäuschenstill ist, fällt eben jedes Nebengeräusch als störend auf. Hinzu kommt: Es ist in der Regel warm in der Arena und die Luft sehr trocken. Und dann tritt das bekannte Phänomen ein. Man sitzt da und sagt sich: „Ich darf nicht husten, ich darf nicht husten." Garantiert müssen Sie dann husten. Mein Tipp, wenn Sie einmal ein

Snookerturnier besuchen: Versuchen Sie nicht, den Hustenreiz mit Gewalt zu unterdrücken, das geht garantiert schief. Stecken Sie lieber ein Hustenbonbon ein oder nehmen Sie etwas Wasser mit. Ich erinnere mich an ein Match, bei dem Dennis Taylor gerade im Break war, als ein Zuschauer einen fürchterlichen und hartnäckigen Hustenanfall bekam. Der arme Mann konnte gar nicht mehr aufhören. Dennis hörte sich das eine ganze Weile an, legte dann in aller Seelenruhe sein Queue auf den Tisch, ging zu seinem Platz, schnappte sich das dort stehende Glas Wasser und kletterte auf die Tribüne, um es dem Zuschauer zu reichen. Der trank dann tatsächlich vor laufenden Kameras ein paar Schlucke, allerdings mit hochrotem Kopf. Der Husten war danach jedenfalls weg.

Auch wir Kommentatoren müssen aufpassen, nicht zum Störfaktor zu werden, wenn das Publikum vor Ort unseren Kommentar über die kleinen Ohrradios verfolgt. Mir selber ist es in Berlin schon passiert, dass ich zur unpassenden Zeit einen Witz losließ und das Publikum mitten im Stoß lachte. Es war nur der abgedunkelten Scheibe in der Kommentatorenkabine zu verdanken, dass niemand gesehen hat, wie ich vor Scham puterrot anlief. Seitdem bin ich extrem vorsichtig und lasse den einen oder anderen Kalauer in einem laufenden Break lieber mal stecken. Apropos Kabine: Eigentlich sollte sie ja „soundproof" sein, also schalldicht. War sie damals bei mir in Berlin aber nicht. Ich kommentierte also wie gewohnt leidenschaftlich, bis Schiedsrichter Jan Verhaas zwischen zwei Frames zu mir in die Kabine kam und mir sagte, dass man am Tisch jedes Wort von mir hören könne. Für den Rest des German Masters habe ich dann beinahe geflüstert und mich fast so angehört wie die britische Kommentatoren-Legende Ted Lowe. Lowes Spitzname war „Whispering Ted", weil zu Beginn der TV-Übertragungen die Kommentatoren noch keine schalldichten Kabinen hatten, sondern mit auf der Tribüne saßen. Da musste Ted naturgemäß seine Stimme dämpfen, um das Spiel nicht zu stören, und entwickelte deshalb einen markanten Flüsterton mit sehr rauer Stimme.

Aber nicht nur Geräusche, auch allerkleinste Bewegungen im Publikum können einen Spieler aus dem Konzept bringen, wenn er sie aus dem Augenwinkel wahrnimmt. Das wird zum Beispiel im Tempodrom in Berlin oft zum Problem, wo man in den unteren Reihen sehr nah an den Außentischen sitzt. Wenn dann jemand ständig an seinem Handy herumfummelt, irritiert das. Bewegungen in der Sichtachse der Spieler sind deshalb ein absolutes No-Go.

Dass Snooker ein Drama der kleinen Gesten ist, beweist auch ein von der britischen Presse gleich zum „Shouldergate" hochstilisierter Vorfall bei der WM 2018, als Ali Carter und sein Kontrahent Ronnie O'Sullivan sich leicht mit der Schulter anrempelten, als O'Sullivan auf dem Weg zu seinem Platz und Carter gerade auf dem Weg zum Tisch war; das daraufhin entflammende Wortgefecht unterbrach Schiedsrichter Paul Collier natürlich umgehend. Beim Snooker, diesem leisen, höflichen Sport, wird eben schon ein kleiner Rempler zum großen Aufreger.

AUS DER ZEIT GEFALLEN

Snooker scheint auf den ersten Blick etwas gegen den Zeitgeist gebürstet. Vielleicht liegt darin auch ein Grund für die zunehmende Popularität des Sports außerhalb seines Mutterlands Großbritannien. Viele Menschen empfinden ein Snookermatch als angenehme Entschleunigung, als hektikfreie, fast meditative Zone. Das gilt in gleicher Weise für die Fernsehübertragungen der Matches. Auch da ist die Bildsprache relativ ruhig, mit nicht so vielen Schnitten, nicht einer so dynamischen Kameraführung wie heute sonst üblich. Diese Bildsprache begünstigt auch, dass die Zuschauer zu Hause eine besondere Bindung zu den Spielern aufbauen – sowohl im positiven wie auch im negativen Sinn –, denn die Akteure huschen nicht einfach nur schnell durch das Bild, sondern man sieht sie permanent in Großaufnahme, kann minutenlang jede Gesichtsregung beobachten.

Auch das Fair Play ist etwas, das Snooker auszeichnet und die Zuschauer anspricht. Diskutiert wird mit dem Schiedsrichter nicht, Protestszenen wie in anderen Sportarten sind hier nicht zu erleben. Vielmehr fordert das Reglement explizit ein gentlemanhaftes Verhalten von den Spielern. So ist es eine Selbstverständlichkeit, dass jeder Spieler ein vom Schiedsrichter nicht bemerktes eigenes Foul anzeigt (das gilt übrigens für alle Billarddisziplinen). Der Schiedsrichter kann ja unter Umständen nicht sehen, dass das Queue einen Ball leicht touchiert hat, der Spieler merkt das aber auf jeden Fall. Würde ein Spieler das Foul nicht zugeben und später durch TV-Bilder enttarnt, so wäre sein Ruf für alle Zeiten bei den Kollegen dahin. Hat ein Spieler das Gefühl, durch korrekte Regelauslegung einen ungerechtfertigten Vorteil erhalten zu haben, dann wird er versuchen, diesen Vorteil wieder zurückzugeben. Ein Beispiel: Ist er etwa der Meinung, dass die Foulentscheidung gegen seinen Gegner nicht korrekt war, dann wird er in der Regel seinerseits ein absichtliches Foul begehen (um so den Punktevorteil zurückzugeben) und sich bemühen, den Gegner wieder in die vorangegangene Situation zu bringen. Zum guten Ton gehört auch, sich für Flukes (also unbeabsichtigte Locherfolge) zu entschuldigen und bei einem gutem Shot des Gegners anerkennend auf den Tischrand zu klopfen. Und einen Handshake gibt es nicht nur vor und nach dem Spiel, sondern auch vor dem letzten Frame.

Eine weitere Besonderheit von Snooker, die viele fasziniert, ist die altmodisch wirkende formelle Kleiderordnung: Lederschuhe, Tuchhose, Hemd mit Kragen und Manschetten, Weste und Fliege sind vorgeschrieben. Darüber hinaus besagt das Reglement nur, dass die Kleidung zum Snooker passen sollte. Was das im Einzelnen genau heißt, wird nicht weiter ausgeführt, es ist Aufgabe des Turnierdirektors, die Angemessenheit des Outfits zu beurteilen und gegebenenfalls einzugreifen. Vom allgemeinen Dresscode darf nur in Ausnahmefällen abgewichen werden. So treten Stephen Maguire und Tom Ford immer ohne Fliege an. Das dürfen sie, weil sie ein ärztliches Attest besitzen, das allerdings zu Beginn jeder Saison erneuert werden muss. Ein ärztliches Attest ist aber kein Freifahrtschein. So hatte Ronnie O'Sullivan sich einmal den Fuß gebrochen und konnte deshalb keine Lederschuhe anziehen, sondern musste Sneaker tragen, was ihm auch ein Arzt attestiert hatte. Als er dann aber mit knallbunten Sportschuhen auflief, wurde es Turnierdirektor Mike Ganley sprichwörtlich *zu* bunt: Er entschied, O'Sullivan müsse sich Sportschuhe in Schwarz besorgen. Im Hinblick auf Hose und Weste lassen die Turnierdirektoren von World Snooker aber einiges an Farben und Mustern durchgehen. Ich denke da an die karierte Hose und Weste von Yan Bingtao, die durchaus das Potenzial hat, Augenkrebs zu verursachen. Oder an Peter Ebdon, der heute ja eher konservativ auftritt, aber als Jungprofi Anfang der 90er-Jahre eine Vorliebe für quietschbunte Westen hatte. Da wünschte sich so mancher Zuschauer den alten Schwarz-Weiß-Fernseher zurück. Ich habe damals viele hochgezogene Augenbrauen bei den Oberen des Snooker gesehen, die zu jener Zeit noch erheblich konservativer waren als heute. Aber das Reglement lässt eben einen gewissen Spielraum zu. In Sachen Schuhwerk gibt es inzwischen sogar einen Trend zur modischen Extravaganz – solange die Fußbekleidung aus Leder ist. Zum Trendsetter (der aber auch viel Spott auf sich zog) wurde Judd Trump, als er vor ein paar Jahren mit seinen „Igelschuhen" auflief, Kreationen eines bekannten Designers, die mehrere tausend Pfund gekostet hatten. Die Ironie der Geschichte: Als er sie zum ersten Mal trug, musste er nach ein paar Frames wieder in seine alten Schuhe wechseln. Die Sohlen der teuren Treter waren einfach zu glatt; er fand darin keinen stabilen Stand, rutschte immer wieder weg.

Im Rahmen der strengen Vorgaben sind solche modischen Duftmarken amüsant für alle Beteiligten (außer für erzkonservative Snooker-Traditionalisten) und dienen natürlich auch der Spielerprofilierung (so wie übrigens auch die Frisuren, bei denen sich World Snooker grundsätzlich nicht einmischt). Allerdings wird über eine Lockerung der Grundrichtlinien oder sogar den kompletten Wegfall der Kleiderregularien in regelmäßigen Abständen diskutiert, auch unter den Spielern. So schlug Shaun Murphy vor ein paar Jahren vor, auch Poloshirts zuzulassen (dass man also etwas legerer gekleidet aufläuft, aber auf keinen Fall mit Jeans und Sneaker). Gerade das Poloshirt bietet auch mehr Vermarktungsmöglichkeiten durch den

Verkauf entsprechend bedruckter Shirts. Auf der European Tour hat man es dann tatsächlich einmal versucht und das Antreten im Poloshirt gestattet. Dabei stellte sich aber heraus, das nicht unbedingt jeder Spieler darin eine gute Figur macht – der formelle Dress verdeckt doch die eine oder andere untrainierte Körperrundung. Bei den damaligen Turnieren trugen übrigens auch die Schiedsrichter Poloshirts mit kurzen Ärmeln. Das Ensemble Poloshirt, nackte Arme und Handschuhe hat mich persönlich stark an Mickey Mouse erinnert … Davon abgesehen bin ich – und mit mir viele Snookerfans – der Meinung, dass die strenge Kleiderordnung ein Alleinstellungsmerkmal ist, das Snooker von anderen Sportarten abhebt, zum Beispiel vom lauten Darts, wo die Spieler in schreiend bunten Schlabberhemden herumlaufen – schon aus diesem Grund sollte man sie unbedingt beibehalten. Die ungewöhnliche Gewandung macht übrigens auch einen Teil des Erfolgs im Fernsehen aus, denn viele stoßen durch Zufall auf Snooker, wenn sie spätabends einfach mal durch die Programme zappen. Der Zuschauer weiß, der nächste Kanal ist Eurosport, also ein Sportsender, und erwartet, junge Menschen in kurzen Hosen zu sehen, die irgendetwas Schweißtreibendes machen. Wenn er dann umschaltet, sieht er plötzlich Männer mit Weste und Fliege, fragt sich: „Hey, was ist das denn?", und schaut sich die Sache mal genauer an. So sind viele zu Snookerguckern und -fans geworden, wie mir immer wieder berichtet wird.

KAPITEL 2

WIE SNOOKER NACH DEUTSCHLAND KAM

Das zu Anfang geschilderte WM-Finale 2018, an dem sich so wunderbar die Faszination des Snookersports zeigen lässt, hatte übrigens noch ein skurriles Nachspiel, das im krassen Gegensatz zu der im vorigen Kapitel dargelegten Snooker-Tugend der vornehmen Zurückhaltung steht. Mark Williams hatte nämlich im Vorfeld verkündet, dass er im Falle eines Titelgewinns die anschließende Pressekonferenz im Adamskostüm abhalten würde. Als es dann so weit war, musste er sein „Versprechen" – von den Presseleuten vor Ort sicher eher als Drohung aufgefasst – natürlich halten; ein Mann, ein Wort. Und so kam es, dass Snooker am 8. Mai 2018 in Deutschland auf der Titelseite der *BILD*-Zeitung landete:

„So sieht der Snooker-König unterm Anzug aus"

Als „Nackt-Weltmeister" wurde er da tituliert und Snooker als „Schick-Sport" bezeichnet. Na bitte! Schließlich hätten vor einigen Jahren die meisten Menschen in Deutschland bei einer Straßenumfrage zum Begriff „Snooker" wahrscheinlich noch gesagt: „Keine Ahnung, neuer Schokoriegel oder was?"

Williams hat übrigens angekündigt, wieder nackt zu erscheinen und außerdem ein Rad zu schlagen, sollte er erneut Weltmeister werden. Zumindest im Hinblick auf den Bekanntheitsgrad seines Sports in Deutschland sollte man ihm für das Unternehmen Titelverteidigung also beide Daumen drücken …

KLEINE GESCHICHTE DES SNOOKER

Lange Zeit war Snooker eine rein britische Angelegenheit. Erfunden wurde das Spiel im Jahr 1875 von britischen Soldaten in der Kronkolonie Indien. Es war Monsunzeit, draußen stürzten die Wassermassen vom Himmel und die unterbeschäftigten Offiziere schlugen die Zeit im Offizierscasino tot. Ein junger Lieutenant namens Neville Chamberlain (nicht der spätere Premierminister) experimentierte damals im Offizierscasino mit der Billardvariante Black Pool herum, bei der 15 rote und eine schwarze Kugel verwendet wurden. Chamberlain ergänzte den Aufbau um einige farbige Kugeln. Die anwesenden Spieler nannte er angeblich „snookers", in Anlehnung an die Bezeichnung für Kadettenneulinge an der Royal Military Academy in Woolwich, da sie ja alle Neulinge bei dem von ihm gerade erfundenen Spiel seien (so zumindest die gängigste Erklärung). Der Name wurde auf das ganze Spiel übertragen und blieb haften. Chamberlain und sein Regiment, das übrigens bis heute sehr stolz auf seine Rolle bei der Erfindung des Sports ist, wurden später nach Ootacamund in die südindische Region Tamil Nadu versetzt, wo sie sich dank des regenreichen Wetters und der grünen Landschaft ausgesprochen heimisch fühlten. Dort spielten sie im vornehmen Ootacamund Club, auch „Snooty Ooty" genannt, einem 1841 im Kolonialstil errichteten Gentlemen's Club, weiter. Snookerenthusiasten, die sich auf eine Pilgerreise begeben wollen, werden heute im Club, umgeben von Tiger- und Leoparden-Jagdtrophäen, einen Original-Snookertisch aus der damaligen Zeit vorfinden.

Von Ootacamund aus verbreitete sich Snooker in der Welt, zuerst in Indien und Anfang des 20. Jahrhunderts allmählich auch in Großbritannien. Die erste Snooker Championship der Amateure wurde 1916 mitten im Ersten Weltkrieg ausgetragen. Daraus ging später die English Amateur Championship hervor, die somit als ältestes Snookerturnier der Welt gilt. Mit Ausnahme der Kriegsjahre von 1941 bis 1945 fand die Meisterschaft bis heute in jedem Jahr statt. Die genauen Ergebnisse aus den ersten Jahren (bis 1920) sind allerdings nicht überliefert. Bis 1926 wurden die Matches durch die kumulierten Punkte aus sieben Frames entschieden; erst in der Folge stellte man auf das heute bekannte Format um, bei dem eine bestimmte Anzahl an Frames gewonnen werden muss. So wurde 1927 „best of 7" gespielt – ein Vorläufer der heutigen Kurzformate. Als in den letzten Jahren eine Reihe von Turnieren über diese kurze Distanz eingeführt wurde, bereitete das vielen Traditionalisten große Bauchschmerzen; man kann in dieser „Neuerung" aber auch eine Rückkehr zu den Wurzeln sehen. 1919 wurden die bislang uneinheitlichen Regeln festgezurrt und man führte die Re-spotted Black ein, um jeden Frame mit einem Gewinner enden zu lassen – ein genialer Einfall, um die Dramatik des Spiels weiter zu steigern, wie wir schon so oft feststellen konnten. Noch einmal kurz erklärt: Herrscht am Ende eines Frames Punktegleichstand, so wird der schwarze

Ball noch einmal auf seinem Spot aufgesetzt. Daraufhin wird eine Münze geworfen und der Gewinner des Münzwurfs entscheidet, wer mit Ball in Hand beginnt. Die nächste Wertung (egal ob Pot oder Foul) entscheidet dann den Frame: Locht ein Spieler Schwarz korrekt, hat er den Frame gewonnen; begeht er ein Foul, so hat er den Frame verloren. Das hat natürlich eine gewisse Ähnlichkeit mit dem Elfmeterschießen und treibt die Spannung auf die Spitze. Auf YouTube sei zum Beispiel das Masters-Finale 1998 Hendry versus Williams (damals noch mit voller Haarpracht) empfohlen. Fünf Minuten Drama pur, in denen mehrere scheinbar doch so einfach lochbare Bälle verschossen wurden! Das bessere Ende hatte – auch diesmal – Mark Williams!

Die nächste Ära, die Snooker professionalisierte, stand im Zeichen eines einzigen Mannes: Joe Davis, Sohn eines Bergmanns und späteren Kneipenwirts aus Derbyshire, sollte den Sport über Jahrzehnte dominieren. 1927 war er Mitorganisator der ersten Snookerweltmeisterschaft, der Vorläuferin des heutigen Turniers, und gewann diese durch einen Sieg von 20:11 Frames gegen Tom Dennis. Wobei: 1927 als Austragungsjahr ist nicht ganz präzise. Denn damals wurde die WM nicht als geschlossenes Turnier ausgetragen, sondern als eine Serie von Matches – die erste Weltmeisterschaft begann also bereits 1926. Austragungsort war Birmingham, das Teilnehmerfeld bestand aus zehn Spielern, das Preisgeld betrug stolze sechs britische Pfund und zehn Pence. Der Pokal, den Joe Davis damals in Empfang nahm, ist übrigens derselbe, den der jeweilige Weltmeister auch heute erhält; lediglich der Fuß wurde zwischenzeitlich erneuert, weil weitere eingravierte Namen auf ihm Platz finden mussten. Der WM-Pokal dürfte damit zu den ältesten Sporttrophäen der Welt gehören. Joe Davis hatte ihn höchstpersönlich vor der ersten WM von den Antrittsgeldern der Teilnehmer gekauft.

Davis gewann anschließend jede Weltmeisterschaft, bis er ab 1946 nicht mehr bei diesem Turnier antrat, und hält bis heute mit 15 sukzessive gewonnenen Titeln den Rekord in dieser Kategorie (auch die WM wurde in den Kriegsjahren von 1941 bis 1945 nicht gespielt). Dem Publikum gefiel's: Der ersten WM nach dem Zweiten Weltkrieg wohnten über einen Zeitraum von zwei Wochen zweimal täglich 1200 Zuschauer bei. Danach setzte Joes Bruder Fred die Familientradition fort und gewann 1948 seinen ersten von insgesamt acht WM-Titeln. Von 1946 bis 1949 wurden im WM-Finale jeweils 145 Frames gespielt! Das Endspiel zog sich also über mehrere Wochen. Der Grund dafür war, dass es damals noch keine Sponsoren gab, das Preisgeld musste also ausschließlich durch Zuschauereinnahmen finanziert werden. Und so galt: Je mehr Sessions gespielt wurden, desto mehr Tickets konnte man verkaufen. Fernsehbilder des Events wurden 1950 zum ersten Mal von der BBC übertragen – ein weiterer Meilenstein in der Geschichte des Snooker.

Kurios: Die WM 1952 ging komplett ohne britische Beteiligung über die Bühne, was aber an dem skurrilen Umstand lag, dass insgesamt nur zwei Spieler an ihr teilnahmen: der Australier Horace Lindrum und der Neuseeländer Clark McConachy. Der Grund: Nach einem Disput zwischen den meisten Profispielern und dem Billiards Association and Control Council (BACC) hatte Titelverteidiger Fred Davis ein Konkurrenzturnier ins Leben gerufen, die Professional Matchplay Championship (PMC), die von 1952 bis 1992 ausgetragen und zwischen 1952 und 1957 als offizielle WM anerkannt wurde. Im Jahr 1952 gab es absurderweise also zwei Snookerweltmeisterschaften, wobei die zwischen Lindrum und McConachy ausgetragene WM von fast niemandem anerkannt wurde. Als dann Neil Robertson 2010 Weltmeister wurde, ließ Lindrums Familie aber trotzdem für die Geschichtsbücher wissen, dass nicht Neil, sondern Horace der erste Australier sei, der den Titel geholt habe.

Doch zurück zu Joe Davis: Am 2. Januar 1955 spielte er das allererste anerkannte Maximum Break. Das geschah allerdings im Rahmen einer Exhibition, nicht in einem Turnier, weshalb dieses Maximum auch nicht in den offiziellen Listen auftaucht. 1956 brachte der zu diesem Zeitpunkt bereits als „Grandfather of Snooker" titulierte Davis dann noch die Bibel des Snookerspieles heraus: *How I Play Snooker*. Für Steve Davis und seinen Vater Bill, der ihn trainierte, war dieses Buch ein ständiger Begleiter, das sie stets zurate zogen. Mehr geht nicht. Oder doch? Am 26. Oktober 1959 stellte Joe Davis mit Snooker Plus eine Erweiterung des gewöhnlichen Snooker vor. Wie damals schon Neville Chamberlain erhoffte auch er sich durch zusätzliche farbige Bälle (in diesem Fall zwei an der Zahl: orange und lila) ein spannenderes Spiel. Diese Erweiterung setzte sich jedoch nie durch.

War der Sport 1948 noch auf dem Höhepunkt seiner Popularität, so ging es in den 50er-Jahren bergab. Joe Davis war 1946 von der WM zurückgetreten, spielte aber in anderen Turnieren und Exhibitions weiter, was dem Hauptevent des Sports einen empfindlichen Dämpfer versetzte, denn jeder wusste ja, dass der beste Spieler nicht teilnahm. Doch im Juli 1969 trat ein Ereignis ein, das Snooker in der Beliebtheitsskala wieder ganz nach oben katapultierte und die Grundlage für die Main Tour, wie wir sie heute kennen, legte.

Als Ende der 60er-Jahre in Großbritannien das Farbfernsehen eingeführt wurde, suchte die BBC nach geeigneten Programmen, bei denen die Vorteile eines Farbfernsehers gegenüber dem alten Schwarz-Weiß-Gerät klar zutage traten. David Attenborough, damals einer der Verantwortlichen bei der BBC, fand, dass Snooker die ideale Sportart zum Propagieren des Farbfernsehens sei, denn das Spiel lässt sich wesentlich leichter verfolgen, wenn die Ballfarben erkennbar sind. So kam Snooker in Form der wöchentlichen Sendung *Pot Black* ins britische TV und wurde dort sehr schnell erfolgreich. Bei *Pot Black* wurde immer nur ein Frame gespielt, das kurze Format machte Snooker zum idealen Füller für Programmlücken. Natürlich war alles Monate vorher aufgezeichnet worden und die BBC hatte die Spieler zu strengstem Stillschweigen hinsichtlich der Ergebnisse verpflichtet. In den 70er-Jahren war Ray Reardon, ein ehemaliger Bergarbeiter und Polizist, mit sechs WM-Titeln der führende Spieler. Ein anderer Spieler stahl ihm jedoch die Schau und steigerte die Popularität und Öffentlichkeitswirksamkeit (beziehungsweise Skandalträchtigkeit) von Snooker: der Belfaster Alex „Hurricane" Higgins, der einen rasanten und nicht immer regelkonformen Spiel- und Lebensstil pflegte. Weitere Highlights in den 70ern: Sponsoren, vor allem aus der Tabakindustrie, wurden auf Snooker aufmerksam und die BBC erhöhte die TV-Schlagzahl durch Senden von Highlights der WM sowie eines neuen Einladungsturniers, dem Masters. Außerdem fand die WM 1977 ein neues, permanentes Zuhause – The Crucible Theatre in Sheffield. Eigentlich war dies ein Zufall: Mike Watterson, der damalige Promoter der WM, war auf der Suche nach einer neuen Heimat für das Event. Da gab ihm seine Frau Carol den Tipp, sich doch einmal das Crucible anzusehen. Sie hatte dort ein Theaterstück gesehen und war der Meinung, der Theaterkomplex eigne sich auch perfekt für die WM.

1979 betraten dann zwei Figuren die Bühne, die dem Sport nachhaltig ihren Stempel aufdrücken sollten: Steve Davis, ein scheuer und etwas steif wirkender junger Spieler mit roten Haaren, und sein Manager, der extrovertierte, mit allen geschäftlichen Wassern gewaschene Barry Hearn. Die beiden, die später auch gute Freunde wurden, haben übrigens nur ein einziges Mal einen schriftlichen Vertrag abgeschlossen. Das war 1978, bevor Steve offiziell Profi wurde. Unterzeichnet haben sie den Vertrag an einem Laternenpfahl in Blackpool. Das Powerduo Davis und Hearn mischte in den 80ern die Snookerwelt auf: Davis, indem er Titel um Titel gewann und sich sieben Jahre lang an der Spitze der Weltrangliste hielt, und Hearn durch seine Firma Matchroom Sport, die Spieler unter Vertrag nahm und unabhängige Turniere ausrichtete. Typisch war übrigens die Reaktion von Hearn, nachdem Davis das legendäre Finale von 1985 gegen Dennis Taylor verloren hatte. Davis berichtete später, Hearn habe am Abend noch gemeinsam mit ihm getrauert, am nächsten Morgen dann aber umgehend Dennis Taylor unter Vertrag genommen. Trotz dieser traumatischen Niederlage wurde Steve Davis in den darauffolgenden drei Jahren wieder Weltmeister, seinen sechsten (und letzten) WM-Titel holte er 1989 überlegen mit 18:3 gegen John Parrott. Er schien unbezwingbar. Doch dann trat ein junger Mann aus Schottland auf den Plan: Stephen Hendry.

Wie Davis die 80er-Jahre, so dominierte Hendry die 90er. Sein Rekord von sieben WM-Titeln und der Gewinn von 36 Ranking-Events ist bis heute ungebrochen. Derzeit wird heiß diskutiert, ob Ronnie O'Sullivan das Format habe, sich auch diese Rekorde zu holen. Möglich ist es. Bei der heutigen großen Anzahl an Ranking-Titeln könnte ich mir sehr gut vorstellen, dass Ronnie den Rekord von 36 Siegen knackt; mehr als sieben WM-Titel zu holen wird allerdings extrem schwer. Doch Hendrys Bedeutung für den Sport reicht weit über solche Statistiken hinaus, denn er revolutionierte die Art und Weise, Snooker zu spielen. Bevor er die Bühne betrat, waren niedrige Breaks und ein ausuferndes Safety-Spiel an der Tagesordnung. Hendry hingegen spielte viel aggressiver, nahm Bälle in Angriff, bei denen die anderen Spieler eher mit einer Safety ausgestiegen wären, und war immer bestrebt, den Frame mit nur einem einzigen Break für sich zu entscheiden. Sein Spielstil wurde zum Vorbild für eine neue Generation von Snookerspielern, darunter ein Trio, das 1992 ins Profigeschäft einstieg.

Ronnie O'Sullivan, John Higgins und Mark Williams werden heute als die „goldene Generation von 1992" oder „Holy Trinity" (heilige Dreieinigkeit) bezeichnet. Kein Wunder, gewannen die drei doch zwischen 1998 und 2013 zusammen elf der insgesamt 16 WM-Titel! O'Sullivan führt nach aktuellem Stand die Liste mit fünf gewonnenen WM-Titeln an, gefolgt von Higgins mit vier und Mark Williams, unserem amtierenden „Nackt-Weltmeister", mit drei Titeln. Dass Anfang der 90er-Jahre auf einmal so viele talentierte junge Spieler hochkamen, war vor allem der Entscheidung der WPBSA (World

Professional Billiards and Snooker Association, hervorgegangen aus dem BACC) aus dem Jahr 1991 zu verdanken, die Rankingturniere für jeden Spieler zugänglich zu machen, der bereit war, das Startgeld zu zahlen. Statt wie bisher 128 gab es nun plötzlich 700 Profispieler, darunter auch das eben erwähnte Trio. Doch trotz dieser geballten Spielpower war im neuen Millennium etwas faul im Snooker-Staate Großbritannien. Aufgrund der wirtschaftlichen Probleme des Landes machten immer mehr Snookerclubs dicht. Andere Sportarten wie der omnipräsente Fußball (die Premier League wurde 1992 gegründet) verdrängten Snooker und mit dem sinkenden öffentlichen Interesse nahm auch das Interesse der Fernsehsender ab, die Matches zu übertragen. Und dann wurde auch noch das Sponsoring durch Tabakkonzerne verboten, was die Kassen empfindlich leerte. Die Folge: Die Preisgelder sanken (auf 3,5 Millionen Pfund), die Zahl der Turniere ging zurück (es gab nur noch sechs vollwertige Ranking-Events). Höchste Zeit, neue Besen kehren zu lassen und neue (globale) Märkte zu erobern.

Der neue Besen war ein alter Bekannter: Barry Hearn. Mit gewohnter Energie krempelte der 2009 zum Vorsitzenden der WPBSA Gewählte den Sport um – mit durchschlagendem Erfolg. Den Namen in die Debatte geworfen hatte Ronnie O'Sullivan. Plötzlich waren alle elektrisiert. Snooker nach Jahren des Missmanagements endlich wieder in die Hände eines Vollprofis zu geben, schien die letzte Chance für den Sport. Allerdings hatte Hearn selber gar nicht so richtig Lust auf den Job. Mit seiner Firma Matchroom Sport war er überaus erfolgreich und ausgelastet. Am Ende war es eher das Gefühl alter Verbundenheit, das ihn dazu veranlasste, seine Meinung zu ändern. Und natürlich die Tatsache, dass sein Freund Steve Davis ihn intensiv bearbeitete. Schließlich war Snooker einmal die Keimzelle für Matchroom Sport gewesen, mit Snooker hatte die erfolgreiche Karriere des Geschäftsmanns Barry Hearn ursprünglich begonnen. Zunächst übernahm er den Vorsitz der WPBSA, die im Kern eine Spielervereinigung ist (ähnlich wie die ATP im Tennis). In dieser Funktion analysierte er mit seinem Team die Situation und vertiefte sich in die Geschäftsbücher, bevor er seinen Vorschlag unterbreitete. Die WPBSA besaß schon seit Längerem eine Tochterfirma, World Snooker Limited, die für die kommerzielle Seite der Main Tour verantwortlich war. 51 Prozent der Anteile dieser Tochterfirma sollten auf Hearn beziehungsweise auf Matchroom Sport überschrieben werden. Hearn wollte das Sagen haben und so verhindern, dass Funktionäre oder Spieler ihm in geschäftliche Dinge hineinreden konnten. Im Gegenzug versprach er mit einem Fünfjahresplan eine kontinuierliche Steigerung des Preisgelds; sollte er in einem Jahr die zugesagte Summe verfehlen, dann würden seine 51 Prozent entschädigungslos wieder an die WPBSA zurückfallen. Dieser Plan war nicht unumstritten, aber in einer außerordentlichen Hauptversammlung stimmten die Spieler mit knapper Mehrheit zu. Zumindest finanziell hat es sich unter dem Strich für sie gelohnt: In bisher jedem Jahr lag das Gesamtpreisgeld höher als von Hearn versprochen. Den Vorsitz in der WPBSA legte Hearn nach der Übernahme von World Snooker Limited nieder, sein Nachfolger in diesem Amt ist Jason Ferguson, der den Sport als Ex-Profi bestens kennt, aber auch Erfahrung im Wirtschaftsleben und in der Verwaltung besitzt.

Heute gibt es pro Saison über 20 Rankingturniere und insgesamt knapp 30 Events, bei denen ein Preisgeld von 14 Millionen britischen Pfund (fast 16 Millionen Euro) ausgeschüttet wird. Auch in Großbritannien ist Snooker inzwischen wieder im Aufwind. Doch um sein volles Potenzial auszuschöpfen, musste es in die Welt hinausziehen und seine Fanbase erweitern. Heute ist Snooker ein globaler Sport, der von über 120 Millionen Menschen weltweit gespielt und von 500 Millionen Zuschauern im Fernsehen verfolgt wird. Es gibt zudem Bestrebungen, die Sportart ins Programm der Olympischen Spiele aufzunehmen; bei den World Games werden bereits Medaillen im Snooker vergeben.

SNOOKER GOES GLOBAL – TURNIERE WELTWEIT UND IN DEUTSCHLAND

Schon seit den 60er-Jahren hatte es vereinzelt Spiele im englischsprachigen Ausland (Südafrika, Australien, Kanada) gegeben. Das erste Ranking-Event außerhalb Großbritanniens war technisch gesehen die Weltmeisterschaft 1975 im australischen Sydney. Allerdings wurde das Ranglistensystem erst 1977 eingeführt, um eine Setzliste für die WM zu erhalten (in den ersten Jahren wurden ganz einfach die drei vorhergehenden Weltmeisterschaften zugrunde gelegt). Es ist also nicht verkehrt, das Canadian Masters 1988 in Toronto als erstes echtes Ranglistenturnier außerhalb Großbritanniens (und Irlands) zu bezeichnen. Ab 1989 fanden dann European Open in Frankreich, den Niederlanden und Belgien statt, und mit den Hongkong Open in Hongkong und den Asian Open in Bangkok ging es erstmals nach Asien (Barry Hearn hatte zuvor mit den bei ihm unter Vertrag stehenden Spielern schon eine Reihe von Showturnieren dort veranstaltet und so die Weichen dafür gestellt). Die European Snooker League, die später in Premier League umbenannt wurde, fand bereits 1994 in Bingen am Rhein auf deutschem Boden statt; dabei handelte es sich allerdings um kein Ranking-Event, sondern um eine Serie von Einladungsturnieren. Ebenfalls in den 90er-Jahren gab es bereits Bemühungen, unter dem Namen German Open ein Turnier in Deutschland zu etablieren, doch der Versuch scheiterte: Das Turnier wurde nach ein paar Jahren wieder eingestellt, denn zum einen war Snooker damals hierzulande noch nicht so populär und zweitens hatte World Snooker versucht, ohne Kenntnis der Verhältnisse in Deutschland und ohne Partner vor Ort, alles alleine zu organisieren. Das konnte nur schiefgehen. 2004 gab es dann beim Snooker Sport Club (SSC) Fürth ein paar Verrückte, die aus Anlass ihres fünfjährigen Vereinsjubiläums ein Turnier austragen wollten und ganz mutig eine Anfrage an Paul Hunter richteten, ob dieser nicht als Stargast mitspielen wolle. Hunter dachte sich wohl, das könne ein lustiges Wochenende werden. Also sagte er zu, unter der Bedingung, dass er auch seinen Kumpel Matthew Stevens mitbringen dürfe; die Fürther waren hellauf begeistert. Paul Hunter gewann das Turnier, das 2004 noch Snooker Grand Prix Fürth hieß und ein Jahr später in Fürth German Open umbenannt wurde. 2007 folgte eine erneute Umbenennung: diesmal in Paul Hunter Classic, in Erinnerung an Paul, der tragischerweise im Jahr zuvor mit nur 27 Jahren an Krebs verstorben war. Das Paul Hunter Classic ist inzwischen ein Ranglistenturnier und wird nach wie vor alljährlich in der Fürther Stadthalle ausgetragen. Ursprünglich war es noch ein ProAm-Event (ein Turnier, das Profis und Amateuren offensteht; erst später wurde es einigen Amateuren ermöglicht, an Events der Main Tour teilzunehmen) und ohne Wertung für die Weltrangliste. Dennoch hatte dieses Turnier – ebenso wie zahlreiche Exhibitions und einige Events der mittlerweile nicht mehr existierenden World Series of Snooker – gezeigt, dass die deutschen Fans nach Live-Snooker gierten. World Snooker und Barry Hearn sagten sich also: „Der deutsche Markt ist reif für ein großes Turnier, für ein absolutes Top Event." 2011 war es dann so weit: Im Berliner Tempodrom fand das erste German Masters statt. Das Tempodrom war in Snookerkreisen schon als Veranstaltungsort bekannt, dort hatten bereits Exhibitions und kleinere Events stattgefunden. Ich werde niemals mein erstes Mal dort als Moderator bei einer Exhibition vergessen. In der Zeit unseres Snookerevents gastierte eigentlich die Show *Holiday on Ice* im Tempodrom. Die Eisshow hatte aber einen Pausentag, sodass unser Veranstalter für diesen einen Tag die Halle sehr günstig mieten konnte. Der einzige Nachteil: Die Eisfläche ließ sich nicht herausnehmen. Also wurde einfach ein Teppich auf das Eis gelegt, der Snookertisch daraufgestellt und fertig. Wir hatten alle eiskalte Füße. Ich erinnere mich noch, dass bei Steve Davis plötzlich die Nase anfing zu laufen und es aufs Tuch tropfte … Das Tempodrom war also öfters schon Schauplatz von Snookerveranstaltungen gewesen und man erkannte in ihm die perfekte Location für das German Masters. Das damals eingeführte Konzept, das inzwischen bei vielen Turnieren übernommen wurde, war revolutionär: Die Tische wurden nicht durch hohe Trennwände voneinander abgegrenzt, sondern es entstand ein großer, offener Bereich, sodass die Zuschauer selber entscheiden konnten, welche Partie sie wann verfolgen wollten. Ein solches Set-up stellt natürlich höhere Ansprüche an die Konzentrationsfähigkeit der Spieler, weil sie sich nicht vom Geschehen am Nachbartisch ablenken lassen dürfen, aber für die Fans ist es sehr attraktiv. Es war also alles angerichtet für das erste German Masters: der deutsche Markt reif, die Location toll, die Vorverkaufszahlen sehr gut. Trotzdem herrschte bei Verantwortlichen und Hauptakteuren eine ungeheure Anspannung und Nervosität. Alle fragten sich: „Wie wird die Atmosphäre sein? Und funktioniert auch alles, was man sich da im Voraus überlegt hat?" Tat es – und die Atmosphäre war gigantisch. Im Tempodrom herrschte eine Riesenstimmung, es war – im positiven Sinn – ein richtiger Hexenkessel. Das Finale wurde damals von Jan Verhaas geleitet, also einem Schiedsrichter, der schon alles erlebt hatte, von WM-Finals bis hin zum Masters in der legendären Wembley Arena. Im Midsession Interval der ersten Session des Finales sagte Jan damals zu mir: „Das glaubst du nicht, mir haben zu Beginn, als du mich vorgestellt hast, die Hände gezittert. Das ist mir noch nicht mal bei einem WM-Finale passiert." Eine ungeheuer elektrisierende Atmosphäre herrschte da, die auch alle Beteiligten inklusive der Spieler (und Schiedsrichter) mitriss. Einfach wunderschön! Als alles vorbei war und die Zuschauer mit einem Lächeln auf dem Gesicht das Tempodrom verlassen hatten, lagen wir uns alle in den Armen. So emotional und aufwühlend war das Ganze gewesen – und so glücklich waren wir darüber, dass wir mit unserer Einschätzung recht behalten hatten, dass das deutsche Publikum ein solches Event wollte. Damit begann die Erfolgsgeschichte des German Masters.

Heute (Stand Sommer 2018) stehen aktuell 20 Ranglistenturniere im Kalender der Saison 2018/19; die Zahl kann sich aber noch verändern. Davon finden nur noch neun in Großbritannien statt. In China, dem Land, in dem Snooker inzwischen – rein zahlenmäßig – am populärsten ist (zumindest was die Zahl der TV-Zuschauer und die der Aktiven betrifft), werden fünf Ranglistenturniere ausgetragen und in Deutschland immerhin zwei: das Paul Hunter Classic in Fürth und das German Masters in Berlin, bei dem ich die große Ehre habe, nicht nur als TV-Kommentator, sondern auch als „Master of Ceremonies" zu fungieren (mehr dazu in Kapitel 8).

Die Internationalisierung von Snooker geht weiter, auch wenn nicht immer alles glatt läuft. So war etwa den Versuchen, Turniere in Bahrain und Brasilien zu etablieren, kein nachhaltiger Erfolg beschieden. Trotzdem werden immer wieder Pläne geschmiedet, ein Turnier im Mittleren Osten zu veranstalten. Seit 2013 gibt es auch die Indian Open, wo Snooker zwar sehr populär ist, nicht aber so beliebt wie English Billards. Damit ist der Sport sozusagen an den Ort seiner Geburt zurückgekehrt. Seit 2017 existiert mit dem European Masters in Lommel nach langer Pause auch wieder ein Ranking-Event in Belgien. Auch dort hat Snooker eine breite Fanbasis – nicht nur, weil mit Luca Brecel ein belgischer Spieler in die Weltspitze vorgedrungen ist. Doch das Ende der Fahnenstange ist noch längst nicht erreicht. Barry Hearn sowie Miles Pearce als Commercial Director von World Snooker und sein Team fassen ständig neue Märkte ins Auge. Dahinter steht eine feste Überzeugung: Nur als weltweiter Sport kann Snooker eine erfolgreiche Zukunft haben.

TV-ERFOLG

Wie schon bei der Verbreitung in Großbritannien spielte das Fernsehen auch bei der Globalisierung des Snooker eine entscheidende Rolle. Auf die Niederlande und Belgien war die

Welle vor allem aus dem Grund übergeschwappt, weil man dort den britischen TV-Sender BBC empfangen und Snooker im Fernsehen schauen konnte. In Deutschland hielt Snooker dagegen eher durch die britische Community Einzug, vor allem in Nordrhein-Westfalen und Niedersachen, wo damals viele britische Soldaten stationiert waren, die teilweise ihre Snookertische mitbrachten. Anfang der 80er-Jahre wurde auch der erste Verband in Deutschland gegründet, damals ein sehr, sehr kleiner Verband, der Kreis der Snookerfans war zu der Zeit wirklich noch sehr exklusiv. Ausgeweitet hat er sich erst durch die TV-Übertragungen von Eurosport im deutschen Fernsehen. Ich habe schon 1989 meine erste Fernsehübertragung kommentiert. Zu dieser Zeit tauchte Snooker allerdings mehr oder weniger sporadisch im Programm von Eurosport auf, einige Jahre sogar überhaupt nicht, weil der Sender nicht mehr die Übertragungsrechte besaß. Die regelmäßigen Ausstrahlungen fingen eigentlich erst mit der WM 2003 an. Damals konnte sich Eurosport die Übertragungsrechte relativ günstig sichern und in der Jahreszeit der WM – Ende April/Anfang Mai – tut sich bei den meisten anderen Sportarten ohnehin nicht viel. Man war also bei Eurosport zunächst froh, während der allgemeinen Flaute überhaupt einen Livesport anbieten zu können, und registrierte dann relativ überrascht den großen Erfolg bei den Fernsehzuschauern und die hohen Einschaltquoten. Daraufhin kaufte der Sender zunächst die Rechte für das erste Turnier der folgenden Saison. Erst als diese Ausstrahlung ähnlich großen Zuspruch erfuhr, erwarb man auch die Rechte für die restlichen Saisonturniere. Und so ging es kontinuierlich weiter: erst mit einem Dreijahresvertrag, dann mit einem Fünfjahresvertrag. Der derzeit letzte Vertrag zwischen

Eurosport und World Snooker wurde 2016 abgeschlossen: ein bis 2026 laufender Zehnjahresvertrag. Eine solch lange Laufzeit ist eine absolute Rarität und zeigt einerseits, welche Bedeutung Snooker für Eurosport hat, aber auch, wie wichtig die Verbreitung von Snooker durch Eurosport für World Snooker ist. Mit dem Eurosport Player ist das Angebot für die Fans noch einmal erheblich ausgeweitet worden. Der Siegeszug des Snookersports in Deutschland kann also ungebremst weitergehen.

Der mittlerweile größte TV-Markt ist übrigens China, wo das chinesische Fernsehen schon einmal die Übertragung eines Formel-1-Rennens abgesagt hat, um stattdessen Snooker zu zeigen. Bernie Ecclestone, damals noch Geschäftsführer der Formel 1, drohte mit einer Konventionalstrafe, woraufhin das chinesische TV ungerührt antwortete: „Okay, gib uns die Kontonummer. Du bekommst das Geld, aber wir zeigen Snooker."

Seit 2003 läuft Snooker in Deutschland also regelmäßig bei Eurosport – mit stetig steigender Sendezeit. In den letzten Jahren gehörte es sogar kontinuierlich zu den Top-Five-Sportarten, und zwar nicht nur im Hinblick auf Sendezeiten, sondern auch in Bezug auf die Einschaltquoten. Das heißt, Snooker generiert einen Marktanteil, der deutlich über dem durchschnittlichen Marktanteil von Eurosport liegt, und das auch über lange Sendestrecken hinweg, was für einen Fernsehsender natürlich von Bedeutung ist. Es ist zwar schön, wenn man für ein halbstündiges Programm hohe Zuschauerzahlen hat – erheblich besser aber ist es, diese hohen Zuschauerzahlen und den hohen Marktanteil bei einer Übertragungszeit von drei Stunden oder länger zu halten, weil dies den Senderschnitt deutlich anhebt. Ein paar aktuellere Zahlen: In der Saison 2017/18 hatten wir von Ende Juni bis Anfang Mai an genau 136 Tagen Snooker auf dem Sender. Dabei wurden auf Eurosport 1 satte 650 Stunden übertragen und auf Eurosport 2 noch mal knapp 340 Stunden!

Diese enorme TV-Präsenz hat bewirkt, dass inzwischen gar nicht so wenige Menschen bei der Frage nach Snooker eben nicht ans Süßigkeitenregal neben der Supermarktkasse denken, sondern wahrscheinlich sagen würden: „Snooker, Momentchen, das ist doch diese Billardgeschichte und da gibt es doch einen, wie heißt der noch, Ronnie Dingsbums." Da hat sich im Laufe der letzten 15 Jahre schon einiges verändert. Ein schönes Beispiel dafür ist ein Erlebnis, das Spitzenspieler Shaun Murphy vor einigen Jahren hatte. Shaun ist jemand, der gerne reist und, auch wenn er beruflich unterwegs ist, Stadt und Land kennenlernen will – etwas, was man nicht von allen britischen Snookerspielern behaupten kann. Manche sind kreuzunglücklich, wenn es keinen Fish-and-Chips-Laden um die Ecke gibt. Aber Shaun ist da ganz anders. Anlässlich des German Masters war er einmal in Berlin und hatte an einem spielfreien Tag Zeit zur eigenen Verfügung. Wir hatten uns morgens zufällig im Frühstücksraum des Hotels getroffen und ich hatte ihn gefragt, was er denn so vorhabe. Shaun wollte sich gern das Brandenburger Tor und Unter den Linden ansehen, das sei ja das historische Zentrum von Berlin. Ich konnte ihm noch einige Tipps mit auf den Weg geben und ihm genau erklären, wie er dort hinkommt. Abends traf ich ihn dann wieder und wollte wissen, wie ihm denn Unter den Linden und Umgebung gefallen hätten. „Nein, nein", sagte er, „ich habe es nur bis zum Brandenburger Tor geschafft." – „Wieso?", fragte ich verwundert. „Zu weit oder wie?" – „Nein", meinte er, „aber es haben mich so viele Leute erkannt und wollten dann ein Foto und ein Autogramm, sodass ich einfach nicht weiter gekommen bin."

SNOOKER ALS AKTIVSPORT

In Großbritannien war Snooker neben Darts ein Volkssport, der im Pub ausgeübt wurde – so wie bei uns Kegeln oder Poolbillard. In keinem Social Club, der etwas auf sich hielt, durfte ein Snookertisch fehlen, egal ob es sich um einen Arbeiterclub handelte oder um einen Club der High Society. Wir haben bei Eurosport auch schon einmal ein Event aus dem Royal Automobile Club an der Londoner Pall Mall gezeigt; da konnte man die ganze Pracht bewundern, die auch zur Tradition des Snooker gehört.

So entstand schon früh eine breite Basis an Nachwuchsspielern, es gab zahlreiche Snookerclubs und Snookerhallen, und daraus entwickelte sich ein intensiver Spielbetrieb mit lokalen und regionalen Ligen. Dies führte natürlich zu einer großen Matchhärte bei den britischen Amateuren, wovon der britische Snookersport bis heute profitiert. Und auch in China, wo Snooker ja kein traditionell ausgeübter Sport ist, nehmen viele junge Männer aktiv ein Queue in die Hand. Das hat mehrere Gründe. Zum einen ist gerade in den dicht besiedelten Küstenregionen im Süden und Südosten Chinas eines besonders knapp: Platz. Andererseits muss man aber in den vielen Millionenstädten – eine Stadt mit acht Millionen Einwohnern gilt dort ja als kleines Kaff – auch Freizeitangebote für die Menschenmassen schaffen. Wollte man Fußball anbieten, so bräuchte man dafür die entsprechenden Felder. Und auf einem Fußballfeld – jeder weiß, wie groß es ist – spielen nur 22 Personen. Stellt man auf die Fläche eines Fußballfelds hingegen Snookertische, können sich auf der gleichen Grundfläche erheblich mehr Menschen beschäftigen. Und wenn man dann noch mehrere Fußballfelder übereinanderbaut und diese jeweils mit Snookertischen füllt, entsprechend mehr. Das rechneten sich wohl auch die chinesischen Behörden aus. Ein weiterer Aspekt ist, dass Snooker bei vielen Multisport-Events, zum Beispiel den Asienspielen, den Südostasienspielen und Ähnlichem, eine Medaillensportart ist und deshalb auch von staatlicher Seite massiv gefördert wird. China investiert ungeheuer viel Geld, um bei diesen Gelegenheiten eine entsprechende Medaillenausbeute einzufahren, was in der Regel ja auch gelingt. Wenn so viele Menschen eines Landes einer bestimmten Sportart nachgehen, hat das zur Folge, dass irgendwann gute Spieler heranreifen, die es auf die Main Tour schaffen und zu Stars werden – und andere junge Menschen eifern ihnen wiederum nach. In China ist Superstar Ding Junhui das beste Beispiel dafür, er wurde 2003 Profi und hat seitdem bereits 13 Ranglistenturniere gewonnen. Natürlich ist er ein Vorbild für viele junge chinesische Spieler. Es war Ding, der mit seinem Sieg bei den China Open 2005 dem chinesischen Snookerboom einen richtigen Schub gab. Wegen dieses Verdienstes wurde er auch 2018 in die Hall of Fame des Snooker aufgenommen. Von den 21 verschiedenen Nationalitäten, die aktuell auf der World Snooker Tour vertreten sind, stellt China mit 22 Profispielern nach England die zweitgrößte Gruppe. In Deutschland und anderen „neuen" Snookernationen gibt es hingegen keine vergleichbaren Stars, obwohl der Belgier

Luca Brecel als erster Festlandeuropäer ein Rankingturnier gewonnen hat und auch der Deutsche Lukas Kleckers und der Schweizer Alexander Ursenbacher bereits mit guten Auftritten von sich reden machten. Mit Simon Lichtenberg spielt in der Saison 2018/19 auch ein zweiter Deutscher auf der Main Tour. Der Grund für das Fehlen von Snookergrößen, zumindest in Deutschland: Hierzulande lieben es zwar viele, sich Snooker im Fernsehen anzuschauen, aber nicht alle greifen deshalb gleich selber zum Queue.

Bei der Deutschen Billard-Union (DBU) nehmen etwa 4000 Spielerinnen und Spieler am regelmäßigen Spielbetrieb auf diversen Ebenen teil – im Vergleich zu anderen Sportarten eine eher überschaubare Zahl. Der erste deutsche Snookerverein wurde, wie bereits erwähnt, in den 80ern gegründet, genauer gesagt 1984 in Hannover (der 1. DSC Hannover). Wie viele Vereine heute in Deutschland Snooker anbieten, ist leider nicht bekannt. Die Statistiken der DBU schlüsseln nicht nach einzelnen Disziplinen auf. Es gibt aber Ligen von Regional- und Landesebene bis hinauf zur Bundesliga und genau so gibt es auch Strukturen mit Regional- und Landesmeisterschaften sowie der Deutschen Meisterschaft. Der erste nationale Verband in Deutschland entstand 1987, der Deutsche Snooker Kontroll Verband (DSKV). Dieser fusionierte dann 1999 mit der DBU. Seitdem sind alle Billardsportler in Deutschland endlich unter einem Dach vereint, auch wenn die Protagonisten der einzelnen Billardvarianten manchmal noch etwas fremdeln.

Mein Tipp für Sie, wenn Sie sich selber einmal an den Tisch stellen wollen: Gehen Sie nicht einfach in ein Snookercenter und legen los. Das kann sich schnell als frustrierend erweisen. Suchen Sie lieber einen Verein auf und lassen Sie sich von einem erfahrenen Spieler die grundsätzlichen Dinge zeigen. Dann stehen die Chancen viel besser, dass Sie tatsächlich Spaß an der Sache haben. Über die DBU-Homepage können Sie nach Vereinen in Ihrer Nähe suchen und sich dann dort erkundigen, ob auch Snooker gespielt wird. Viele Vereine bieten regelmäßig Schnuppertage an, und das nicht nur im Rahmen der Aktion *Deutschland spielt Billard*.

Sportdirektor der DBU für Snooker ist seit 1999 Thomas Hein, der auch über Insiderkreise hinaus bekannt wurde, weil er jedes Jahr zumindest einen Teil der Weltmeisterschaft mit mir gemeinsam kommentiert – eine Zusammenarbeit, die mir viel Spaß macht und aus der nicht nur ein gemeinsames Buch, sondern auch längst eine Freundschaft entstanden ist. Thomas hat übrigens auch die Breitensportaktion *Deutschland spielt Billard* aus der Taufe gehoben (ursprünglich als *Deutschland spielt Snooker*, bis der Verband die Aktion übernahm und ausweitete). Dahinter stand die Idee, das große Interesse an Snooker während der WM auch für die Vereine zu nutzen. Thomas, als Aktiver selber vielfacher Deutscher Meister, fungiert neben seinem Amt als Sportdirektor zusätzlich noch als Disziplin-Bundestrainer für Snooker. Als solcher kümmert er sich um die Kadersportler der Deutschen Billard-Union und unterstützt sie durch Lehrgänge und durch permanente Betreuung in ihrer Entwicklung. Man kann Thomas gar nicht dankbar genug für sein Engagement sein. Ohne seine langjährige Arbeit stünde der deutsche Snookersport heute nicht relativ gut da (schließlich sind die Ressourcen, die ihm zur Verfügung stehen, sehr begrenzt; da darf man keine Wunder erwarten). Ich frage mich immer voller Hochachtung, wie

Thomas neben seinem Beruf die Kraft und die Zeit für diese Arbeit aufbringt.

Ach ja – oft stellt man mir auch die Frage, wie es um meine eigenen Fähigkeiten am Snookertisch steht. Doch darüber decke ich lieber den gnädigen Mantel des Schweigens …

KAPITEL 3

WIE FÜR MICH ALLES ANFING

Meinen ersten Einsatz als Sportjournalist hatte ich bereits im zarten Alter von 14 Jahren – was aber nur meiner Ahnungslosigkeit, gepaart mit einer großen Klappe, zu verdanken war. Eines Tages war ich in Erkelenz, der Kreisstadt meines Heimatdorfs Doveren, bei der *Rheinischen Post* zu Besuch. Mein Bruder Rainer, fünf Jahre älter als ich, arbeitete schon seit Längerem als freier Mitarbeiter für die *RP*. An diesem Tag durfte ich ihn als eine Art Wasserträger begleiten – ich trug den Kuchen, den meine Mutter jeden Sonntag der Redaktion spendierte. Ich saß also dort, beobachtete fasziniert das Geschehen und versorgte die Mitarbeiter in der Redaktion mit Kuchenstücken. Was mich dann auf einmal geritten hat, weiß ich auch nicht mehr. Auf jeden Fall verkündete ich plötzlich ganz tollkühn: „Finde ich spannend, will ich auch mal machen", woraufhin der Sportredakteur Hans Groob meinte: „Wenn du Lust hast, fahr doch mal nächsten Samstag nach Hilfarth, da findet ein D-Jugend-Hallenfußballturnier statt." Am nächsten Wochenende radelte ich also brav ins Nachbardorf Hilfarth, sah mir das D-Jugend-Hallenfußballturnier vom ersten bis zum letzten

Ball an, hackte dann am Sonntagmorgen die geforderten 40 Zeilen in unsere alte Reiseschreibmaschine, so wie einen Schulaufsatz (den Sieger verriet ich erst in der letzten Zeile), stieg in den Bus nach Erkelenz und legte Hans Groob die 40 Zeilen stolz wie Oskar vor. Der überflog mein Werk und meinte nur trocken: „Nee, Jung, so jeht et nit." Ich dachte: „Na prima, das hast du in den Sand gesetzt, das wars dann schon gleich mit der journalistischen Karriere." Hans setzte sich derweil an seine Schreibmaschine und stellte meine Geschichte vom Kopf auf die Füße. Doch zu meiner Überraschung fragte er mich danach: „Hast du nächstes Wochenende auch Zeit?" So fing alles an, Klappe aufreißen macht sich also manchmal durchaus bezahlt! Mit Hans Groob, der inzwischen pensioniert ist, stehe ich übrigens heute noch in Kontakt. Er war ein wunderbarer Lehrmeister, der mir das nötige Rüstzeug für meinen zukünftigen Beruf als Sportjournalist mitgegeben hat.

Ich blieb auf jeden Fall am Ball und gehörte bald zum festen Kreis der freien Mitarbeiter für den Lokalsportteil der *RP*. Praktisch jeden Sonntag stand ich bei Wind und Wetter auf irgendeinem Fußballplatz der Region. Nach dem Spiel fuhr ich dann in die Redaktion (mit dem Bus, einen Führerschein hatte ich ja noch nicht) und schrieb den Bericht. Anschließend holte ich noch telefonisch Informationen zu Matches in unterklassigen Ligen ein und schrieb die Zusammenfassungen. Mir machte der Job Spaß und vielleicht fühlte ich mich auch ein bisschen erwachsener, wenn ich mich als „Rolf Kalb von der *Rheinischen Post*" vorstellen konnte. Außerdem waren die zehn Pfennig Zeilenhonorar eine willkommene Aufbesserung meines kargen Taschengelds. Reichtümer häuften sich dabei nicht an – sieht man einmal davon ab, dass ich wertvolle Erfahrungen sammelte. Wie wertvoll diese Lehrjahre für meine spätere berufliche Karriere sein sollten, ahnte ich damals natürlich noch nicht. Für die *RP* berichtete ich nicht nur über Fußball. Sehr oft war ich auch bei Veranstaltungen des örtlichen Ringer-Vereins, wo ich nach einiger Zeit sozusagen zum Inventar gehörte. Das ging so weit, dass mich der Verein auf seiner Jahreshauptversammlung zum Pressewart machen wollte, obwohl ich gar kein Mitglied und nur anwesend war, um einen Bericht zu schreiben. Ein anderes Mal saß ich an einem Sonntagmorgen bei einer Boxveranstaltung direkt am Ring. Neben mir saß der Ringarzt, der mich sehr gut kannte, weil er mein Kinderarzt gewesen war. Die beiden Kämpfer hingen über uns in den Seilen. Plötzlich ein Schwinger, ein Treffer auf die Nase und das Blut spritzte quer über meinen Block. Während ich noch damit kämpfte, mein Frühstück bei mir zu behalten, meinte der Doc neben mir nur trocken: „Zum Glück ist das Blut nicht bei mir in den Kaffee gespritzt." In dieser Zeit berichtete ich übrigens auch zum ersten Mal über den örtlichen Billardclub, das genaue Thema ist mir aber nicht mehr in Erinnerung.

Auch als ich 1979 anfing, in Bonn Mathematik mit dem Nebenfach Informatik zu studieren, blieb ich ständiger freier Mitarbeiter in der Lokalsportredaktion der *RP* in Erkelenz. Jedes Wochenende ging es also zurück in die Heimat. Mutter kümmerte sich um die Wäsche, ich war auf den Sportplätzen und -hallen in der Region unterwegs. Mittlerweile vertrat ich sogar meinen Lehrmeister Hans im Urlaub, war dann also für die Sportseiten im Lokalteil inklusive Planung, Layout, Beschaffung der Bilder und der Texte verantwortlich. Inzwischen bekam ich auch mehr als die anfänglichen zehn Pfennig pro Zeile. Der finanzielle Aspekt war durchaus wichtig, denn seitdem mein Vater im Alter von nur 49 Jahren (da war ich 16) gestorben war, lebten meine Mutter, mein Bruder und ich von der Witwen- und Waisenrente. Wir kamen über die Runden, Not habe ich nie leiden müssen, aber der Nebenverdienst war da sehr willkommen.

Trotzdem war der Sportjournalismus zu diesem Zeitpunkt noch nicht mein Berufsziel, sondern nur ein Nebenjob. Eigentlich wollte ich nach wie vor Mathematiker werden. Das Studium bedauere ich im Nachhinein aber nicht, denn das strukturierte Denken, das ein Mathematiker lernt, erweist sich auch heute noch immer wieder als wichtig und hilfreich für mich. Außerdem bin ich einer der wenigen Sportjournalisten, der mit dem Computer umgehen kann. Für die *Rheinische Post* arbeitete ich bis Ende 1983. Damals aufzuhören fiel mir schwer, aber ich hatte zu diesem Zeitpunkt schon einen anderen Nebenjob, der mich zunehmend in Beschlag nahm.

PRESSEARBEIT BEIM BILLARDVERBAND

Der Kontakt zum Billardsport ergab sich Anfang der 80er-Jahre, 1982, um genau zu sein. Damals suchte der Deutsche Billard-Bund (heute: Deutsche Billard-Union) jemanden für die Pressearbeit, der aber nicht allzu teuer sein durfte – ein perfekter Nebenjob also für einen Studenten. Ahnung von Billard hatte ich damals zwar nicht (die verschaffte ich mir on the Job durch Bücher und Gespräche), dafür wusste ich, wie man Artikel schreibt, kannte die Abläufe in einer Redaktion, konnte mir schnell Kontakte zu wichtigen Redaktionen verschaffen, war hartnäckig und hatte genügend über das Blattmachen gelernt, um auch die Redaktion der Verbandszeitschrift zu übernehmen. Ich habe dann bis weit in die 00er-Jahre hinein als Pressesprecher für den Verband gearbeitet, einige Veranstaltungen sogar noch etliche Jahre als Medienchef betreut. Der Deutsche Billard-Bund war damals ein reiner Verband für Karambolage-Billard, ich schaute aber über den Tellerrand hinaus und beschäftigte mich auch mit anderen Billardvarianten – unter anderem Snooker, ganz einfach deshalb, weil mich interessiert hat, was das für eine Variante ist. Gar nicht so einfach damals, denn in Deutschland gab es dazu praktisch keinerlei Informationen. Ich musste mir alles Wissen aus Großbritannien beschaffen. Vereinzelt gelang es mir auch, VHS-Kassetten zu organisieren. So sah ich dann zum ersten Mal in meinem Leben Snooker. Die Faszination dieses Sports, von der ich zu Beginn ja schon geschrieben habe, packte mich sofort. Ich war infiziert.

Später schlossen sich die diversen Verbände zusammen, sodass auch die anderen Billardvarianten in meinen Arbeitsbereich fielen. Über den Billardsport habe ich übrigens auch meine Frau Monika kennengelernt. Das war 1983, als in meiner jetzigen Heimat Gütersloh die Deutschen Meisterschaften im Karambolage-Billard stattfanden, zu denen ich als Pressesprecher des Verbandes natürlich hinreisen musste, um darüber zu berichten. 1983 gab es noch kein E-Mail, die meisten Büros besaßen noch nicht einmal Faxgeräte – das Handwerkszeug eines Journalisten bestand tatsächlich aus Schreibmaschine und Telefon, um den Artikel anschließend durchzugeben. Die Schlüsselgewalt über diese beiden Apparate hatte vor Ort die Schriftführerin des ausrichtenden lokalen Vereins in Gütersloh, des Gütersloher Billardclubs. Neben Schreibmaschine und

Telefon verband uns sehr schnell deutlich mehr: 23 Monate später haben wir geheiratet und sind auch heute (nach über 33 Jahren Ehe) noch ein glückliches Paar.

IRGENDWAS MIT MEDIEN

Obwohl ich offiziell noch Mathematik studierte, reifte in mir allmählich die Erkenntnis, dass ich mein zukünftiges Leben nicht als Mathematiker verbringen wollte. Denn ich war mehr und mehr in den Sportjournalismus hineingewachsen, unter anderem durch die Arbeit für den Billardverband, in deren Rahmen ich auch TV-Übertragungen von ARD und ZDF betreuen musste und erste Einblicke in die Fernseharbeit bekam. Dabei durfte ich auch geschätzten Kollegen wie zum Beispiel Adi Furler zuarbeiten, von denen ich viel lernen konnte. In diesen Jahren knüpfte ich immer mehr Kontakte.

Und dann plante Eurosport 1989 den Aufbau des deutschsprachigen Dienstes und einer deutschen Redaktion. Werner-Johannes Müller hatte damals als Chef die Aufgabe, ein deutsches Kommentatorenteam zusammenzustellen. Mein Glück: Werner kannte mich und meinte nonchalant: „Komm doch mal und mach was für uns, ich glaube, das wäre was für dich." Er lud mich also ein, am 11. November 1989 gemeinsam mit einem Rugbyspieler ein Rugby-Freundschaftsspiel zwischen Frankreich und Australien zu kommentieren. Kleines Problem: Ich war alles, aber kein Rugby-Experte. Ich werde nie den Donnerstag vor der ersten Sendung vergessen: Ich hatte bis spät in die Nacht gearbeitet, um mir so viel Rugbywissen und -kenntnisse wie in der Kürze der Zeit möglich ins Hirn zu stopfen. Erschöpft ließ ich mich dann auf die Couch fallen und machte den Fernseher an. Da lief ein seltsames Fernsehspiel, das vom Fall der Mauer erzählte. Vor allem fand ich es bemerkenswert, dass die Journalisten und Korrespondenten, die ich aus den Nachrichten kannte, sich in diesem Fernsehspiel alle selber spielten. Ich glaube, es hat etwa eine halbe Stunde gedauert, bis mir dämmerte, dass die Mauer tatsächlich gefallen war. Der Mauerfall und meine erste Eurosport-Sendung gehören seitdem für mich untrennbar zusammen.

Am darauffolgenden Wochenende fuhr ich dann zum „Kommentatoren-Casting" ins niederländische Hilversum, wo Eurosport ein Studio für den deutschen Kommentar angemietet hatte. Ich saß also neben meinem Experten in der Kabine und kommentierte das Match aus dem Pariser Prinzenpark-Stadion, während Werner als Chefredakteur kritisch auf der anderen Seite der Scheibe saß und über Top oder Flop entschied. Mit meiner Leistung war er offensichtlich zufrieden, denn ab diesem Zeitpunkt war ich Teil des Teams. Ich gehörte also tatsächlich zu den Leuten der ersten Stunde bei Eurosport.

Mit meiner Diplomarbeit war ich gleichzeitig in eine Sackgasse geraten. Ihr Thema (ich will hier nicht mit Details langweilen) war das Verhalten von Extremstellen in beliebig-dimensionalen Räumen. Ich hatte als Ergebnis eines Seminarvortrages ursprünglich eine Vermutung aufgestellt, die mein Professor interessant fand. Es gelang mir aber weder, diese Vermutung zu bestätigen noch sie zu widerlegen. Ohne Ergebnis gab es aber auch keine Diplomarbeit. Selbst mein Professor hatte keine Idee mehr, wie ich weiterkommen könnte. Sein einziger Rat war, mir ein neues Diplomthema zu suchen.

Wieder komplett neu einarbeiten? Wieder alles von vorne? Nein danke!

Ohnehin trug ich mich mit dem Gedanken, mich als Sportjournalist selbstständig zu machen. Meine Frau war allerdings skeptisch, weil nicht klar war, ob man mit dieser Tätigkeit wirklich seinen Lebensunterhalt verdienen konnte. Auf der anderen Seite war ich in der glücklichen Situation, dass Monika eine Stelle mit festem Gehalt hatte, das heißt, um die Miete und unsere tägliche Scheibe Brot brauchten wir uns keine Sorgen zu machen. Dadurch hatte ich den Freiraum, mir etwas aufzubauen. Wir trafen dann eine Vereinbarung, die meine Frau so auf den Punkt brachte: „Okay, wenn du das wirklich willst, dann mach es, aber nach zwei Jahren muss es funktionieren. Falls nicht, musst du eben was anderes machen – zur Not auch Zeitungen austragen, wenn es denn unbedingt was im Medienbereich sein soll. Aber nur zu Hause rumsitzen ist nicht." Zum Glück hat es funktioniert.

Jahre später holte mich übrigens meine Mathematik-Vergangenheit noch einmal ein. Die Universität Bielefeld nahm Kontakt mit mir auf: Man habe eine Veranstaltungsreihe, bei der Mathematiker über ihren Berufsalltag informieren, und wolle mich auch für einen Vortrag einladen. Ich rief den Verantwortlichen an und wies ihn darauf hin, dass ich mein Studium ja abgebrochen hätte und deshalb vielleicht kein gutes Vorbild für die Studierenden sei. Er aber meinte, das mache nichts – Banker und Versicherungsmathematiker habe man schon zur Genüge als Gastredner gehabt, da sei es doch schön, wenn es auch mal um einen ganz anderen Werdegang gehe, wenn man zeigen könne, dass auch ohne Abschluss eine berufliche Karriere möglich sei. Ich fuhr also nach Bielefeld.

Am Eingang der Uni nahm mich der Dozent in Empfang, um mich in den Seminarraum zu bringen. Ich fragte auf dem Weg noch, mit wie vielen Teilnehmern er denn rechne. Viele seien es in der Regel nicht, meist so etwa ein Dutzend, war die Antwort. Als wir den Seminarraum erreichten, blieb uns beiden der Mund offen stehen: Über 100 Menschen drängelten sich dort. Allerdings war das Thema dann weniger meine Vergangenheit als Mathematiker, sondern vor allem eines: Snooker!

ANFÄNGE BEI EUROSPORT

Eurosport war damals im Prinzip ein britischer Sender und gehörte zum Imperium des Medienmoguls Rupert Murdoch. Insofern war eine Affinität zu Snooker grundsätzlich vorhanden und der Sport auch schon im Gründungsjahr 1989 im Programm. Da es auf dem deutschen Markt weit und breit keinen Journalisten, geschweige denn Kommentator gab, der auch nur die geringste Ahnung von Snooker hatte, war von Anfang an klar: Das macht Rolf. Es waren damals spannende und abenteuerliche, aber auch schwierige Zeiten. Heutzutage findet man ja alle Sportergebnisse beinahe in Jetztzeit im Internet, es gibt Streams und vieles mehr. Ende der 80er existierten diese Möglichkeiten noch nicht. Ich musste also zusehen, wo ich meine Informationen über die Snookerszene und aktuelle Turniere herbekam. Ich bin dann in Gütersloh regelmäßig zur Bahnhofsbuchhandlung gefahren und habe englische Zeitungen gekauft, um mir die Ergebnisse zu besorgen und nachzulesen, was in der Snookerwelt gerade so los war. Der langjährige Englischunterricht in der Schule und Sprachferien in England kamen mir hierbei zum Glück zugute. Allerdings wurde die englische Montagszeitung erst am Dienstag oder gar Mittwoch in Deutschland ausgeliefert, ich erfuhr also immer erst mit ein paar Tagen Verspätung, wer ein Turnier, das nicht von Eurosport übertragen wurde, gewonnen hatte. Und um einmal optische Eindrücke zu gewinnen, musste ich verstärkt Kontakte nach Großbritannien aufbauen, damit mir jemand eine VHS-Kassette aufnahm und zuschickte. Dann konnte ich mir mit mehrwöchiger Verspätung selbst ein Bild vom Matchverlauf machen. Heutzutage natürlich unvorstellbar, aber damals war es eben so.

WORLD MASTERS 1991

Bei einem wirklich großen Turnier vor Ort war ich das erste Mal im Januar 1991, beim World Masters in Birmingham – ein ganz wunderbares Turnier, bei dem nicht nur der Profiwettbewerb stattfand, sondern es wurden auch Doppelwettbewerbe (bei denen jeweils zwei Spieler ein Team bilden), ein Damen- und ein Juniorenwettbewerb ausgetragen, also ein richtiges Snooker-Festival in einer großen Messehalle. Leider fand es nur ein einziges Mal statt, weil die Veranstaltung viel zu teuer war und sich nicht gerechnet hatte, weder für den Veranstalter noch für Eurosport. Für mich war es natürlich etwas Besonderes, ein großes Turnier hautnah und zum ersten Mal auch die großen Snookerstars in Aktion zu erleben. Bei diesem Anlass lernte ich zum Beispiel Stephen Hendry kennen, der damals noch ein schüchternes Bübchen war. Wenn er in der Players Lounge stand, hatte man das Bedürfnis, zu ihm hinzugehen und zu sagen: „Junge, du darfst dich auch da aufs Sofa setzen", obwohl er zu der Zeit schon Weltmeister war. So verschüchtert wirkte er. Ich habe bei diesem Anlass auch Koryphäen der Vergangenheit kennengelernt, zum Beispiel Fred Davis (mehrfacher Weltmeister in den Jahren nach dem Zweiten Weltkrieg), Ray Reardon (sechsmaliger Weltmeister), Mike Watterson (der Promoter, der die WM ins Crucible brachte), John Spencer (Weltmeister von 1977), Steve Davis, Jimmy White und noch viele mehr. Und beim Juniorenwettbewerb spielten drei Jungen, von denen ich schon gehört hatte und die angeblich richtig gut sein sollten. Die wollte ich mir einmal ansehen – und so lernte ich dann Ronnie O'Sullivan, John Higgins und Mark Williams kennen, das goldene Trio, von dem hier bereits mehrfach die Rede war, ein Jahr, bevor sie alle drei Profis wurden. Ich weiß noch, wie ich versuchte, mit John Higgins ins Gespräch zu kommen, denn es hilft mir bei meiner Arbeit als Kommentator natürlich, wenn ich einen persönlichen Eindruck von den Spielern habe. Anschließend kehrte ich deprimiert in den Presseraum zurück und verkündete den Kollegen: „Ich verstehe kein Englisch." „Warum?", fragten die überrascht. „Weil ich mich mit John Higgins unterhalten wollte und kein Wort verstanden habe." „Mach dir keine Sorgen", beruhigten mich meine englischen Kollegen, „wir verstehen auch kein Wort, der ist Schotte!"

Bei diesem World Masters kam es auch zu meiner ersten Begegnung mit Barry Hearn. Barry hatte damals noch keine Funktion bei World Snooker oder der WPBSA, sondern war der Promoter dieses Events. Große Snookerturniere enden normalerweise mit einem Empfang, wo es etwas zu essen und zu trinken gibt – so auch damals in Birmingham. Der Empfang wurde in einem Hotel ein paar Kilometer vom Veranstaltungsort entfernt ausgerichtet, es standen Shuttlebusse zur Verfügung. Allerdings hatten wir nach dem Ende der Liveveranstaltung noch einige Zusammenfassungen und Aufzeichnungen zu produzieren, sodass wir nicht sofort aufbrechen konnten – mit dem Ergebnis, dass irgendwann alle Shuttlebusse weg waren. Das ganze TV-Team stand also ratlos vor der Messehalle und wusste nicht, wohin, als plötzlich eine große weiße Stretchlimousine angerauscht kam und am Bordstein direkt vor uns anhielt. Die hintere getönte Scheibe ging runter und im Fenster erschien das Gesicht von Barry Hearn, der uns fragte, was wir denn da machen würden. Als wir ihm erklärten, dass es keine Busse mehr gebe und wir auch nicht wüssten, wo der Empfang stattfinde, sagte er: „Kein Problem, steigt ein, ich fahre da jetzt sowieso rüber." So kam ich auf der 5 km langen Strecke zum Empfangshotel zum ersten (und bislang auch letzten) Mal in meinem Leben in den Genuss einer Fahrt in einer Stretchlimo. Bei unserer Ankunft waren wir alle entsprechend hungrig und durstig, doch zu unserer Enttäuschung war das Büfett schon geplündert und kein Petersilienstrunk mehr übrig. Ich war mir sicher, dass man bei einem „Empfang" eingeladen ist, und sagte deshalb ganz großspurig als Mann von Welt: „Jungs, ich hole uns erst mal ein paar Drinks." Ich nahm also die Bestellungen der Kollegen auf, trottete zur Bar, teilte dem Barkeeper meine Wünsche mit, bekam die Getränke und wollte mit ihnen schon abrauschen, als der Barkeeper sagte: „Sorry, Sir, das kostet 58,90 Pfund", womit mein Tageshonorar schon wieder weg war. Von wegen eingeladen! Hätte ich damals schon gewusst, dass Barry Hearn für seinen Geschäftssinn geradezu legendär ist, wäre ich wohl nicht in diese Falle getappt.

AUFNAHME IN DIE SNOOKERFAMILIE

In meiner Anfangszeit bei Eurosport habe ich nicht nur Snooker kommentiert, sondern ganz verschiedene sportliche Disziplinen, von Rugby bis Basketball. Damals musste man als Kommentator mehrere Sportarten abdecken, die Spezialisierung war noch nicht so weit vorangeschritten wie heute. Auch asiatischer Kampfsport gehörte zu meinem Portfolio. Aus diesem Bauchladen der frühen Jahre sind neben Billard/Snooker nur noch Tanzen (das wir allerdings schon länger nicht mehr auf dem Sender hatten) und Rudern übrig geblieben. Tanzen war naheliegend, weil meine Frau und ich über viele Jahre hinweg selber getanzt haben. Den Rudersport finde ich überaus faszinierend, weil er nicht nur eine physische Seite hat, sondern auch taktisch und mental sehr anspruchsvoll ist – niemand kann schließlich die 2000 m der Regattastrecke voll durchpowern. Außerdem ist es für einen Sportjournalisten in jedem Fall interessant, eine olympische Sportart zu betreuen; das verschafft einem schließlich die Chance, zu den Olympischen Spielen zu reisen. Die ersten Snookersendungen wurden übrigens nicht live ausgestrahlt, sondern waren Aufzeichnungen. Tatsächlich war das World Masters 1991, wenn ich mich recht entsinne, das erste Event, das wir live übertrugen.

Meine Situation als Snookerkommentator war eine ganz besondere, gerade in den Anfängen, denn normalerweise kommentiert man als Berufsanfänger ja Sportarten, die zuvor schon im Fernsehen liefen und bereits ausgiebig von anderen Kolleginnen und Kollegen kommentiert wurden, von denen man sich die eine oder andere Scheibe abschneiden kann, während man gleichzeitig versucht, seinen eigenen Stil zu finden. Doch vor mir gab es keinen deutschsprachigen Snookerkommentator, keinen, den ich mir hätte als Vorbild nehmen können. Ich war also in der schwierigen und gleichzeitig ungeheuer aufregenden und privilegierten Situation, selber etwas entwickeln zu müssen, Standards setzen zu können, auf die andere heute vielleicht blicken. Deshalb wurde ich in der *FAZ* einmal als „Reporterpionier" bezeichnet. Ein anderer *FAZ*-Kollege nannte mich wiederum einen „Hermeneutiker des Snooker". Ich musste den Begriff „Hermeneutiker" erst einmal nachschlagen und stellte fest, dass man ihn etwas flapsig mit „Erklär-Bär" übersetzen kann. Das passt durchaus, denn ich will meinem Publikum ja den Sport, der mich so ungeheuer fasziniert, näherbringen. Gerade in der Anfangszeit musste besonders viel erklärt werden. Aber auch heute noch ist der Bedarf da, denn es gibt nach wie vor Zuschauer, die neu zum Snooker hinzukommen und die ich genauso mitnehmen möchte wie die Fans der ersten Stunde. Ich sehe ja auch Standardfragen, die immer wieder auf Twitter auftauchen. Allerdings versuche ich inzwischen, die nötigen Erklärungen mehr in den Matchverlauf einzubinden, sodass die Sendung sich nicht wie eine Vorlesung anhört.

Den Chefredakteur von Eurosport hatte ich von meiner Qualifikation glücklicherweise überzeugen können, aber die britischen Verantwortlichen in der Snookerwelt fragten sich natürlich schon, was das da für ein Typ war – meinem Kommentar konnten sie ja mangels Deutschkenntnissen nicht folgen. 1995 fand dann diesbezüglich meine Feuertaufe statt:

In den Frankfurter Messehallen wurde das erste offizielle Profiturnier in Deutschland, die German Open, ausgetragen. Turnierdirektorin für World Snooker war eine Dame namens

Ann Yates, die sich wohl unsicher war, ob dieser Rolf Kalb denn überhaupt etwas vom Snookersport verstünde. Bei dem Turnier war der Niederländer Jan Verhaas als Schiedsrichter eingesetzt, heute so ziemlich der bekannteste Snookerschiedsrichter überhaupt. Mittlerweile schätzen Jan und ich uns sehr, aber damals kannte ich ihn noch nicht. Ann fragte dann ganz unschuldig, ob sich Jan nicht mal zu mir in die Kabine setzen könne, um ein oder zwei Frames als Co-Kommentator zu agieren. Jan würde ja Deutsch verstehen, auch ein bisschen Deutsch sprechen, und es wäre doch sicherlich attraktiv, so einen erfahrenen Schiedsrichter als Gast in der Kabine zu haben. Mir war natürlich klar, worum es ging: Jan sollte die Ohren spitzen und mir etwas auf den Zahn fühlen. Jan protestierte zwar, dass er gar kein Deutsch spreche, aber ich sagte zu ihm: „Jan, kein Problem, dann sprichst du halt Englisch und ich übersetze für dich." Er war dann tatsächlich für ein paar Frames bei mir zu Gast. Anschließend gingen wir zurück in den Bereich, wo der Press Room lag, und genau um die Ecke befand sich auch das Tournament Office, wo Ann Yates residierte. Ich setzte mich im Press Room an einen der Arbeitstische, während Jan zu Ann hineinging. Da die Türen offen standen, konnte ich hören, was im Raum gesprochen wurde. Ich erinnere mich nur noch, wie Jan sagte: „He knows the game." Mit diesem Satz war ich sozusagen offiziell in die Snookerfamilie aufgenommen.

Bei diesem Turnier in Frankfurt hatte ich übrigens wieder eine Begegnung der besonderen Art mit John Higgins. 1991 in Birmingham hatte ich ja noch kein Wort von dem verstanden, was er von sich gab. In Frankfurt hatte John nun das Finale erreicht. Da ich der einzige Kommentator vor Ort war, fiel mir die ehrenvolle Aufgabe zu, vor dem Finale mit beiden Spielern Interviews zu führen, was ich auch tat – und diesmal klappte es mit dem Verstehen des schottischen Akzents auch schon deutlich besser. Der Weg von der Arena, wo gespielt wurde und wo wir auch die Interviews drehten, zu dem Bereich mit Tournament Office, Spielerlounge und Raum für die Medienvertreter war allerdings elendig lang. Da ich keine Lust hatte, nach den Interviews den ganzen Weg dorthin zu laufen und anschließend zum Spiel wieder zurückzumarschieren, hatte ich in weiser Voraussicht alles mitgebracht, was ich für meine Arbeit brauchte, und dachte: „Dann wartest du halt in der Arena, also in der Kommentatorenkabine, bis es losgeht." Nach dem Interview mit John wollte ich mich schon in meine Kabine verdrücken, als John meinte: „Die Spielerlounge ist mir zu weit, darf ich bei dir warten?" Durfte er natürlich. In der Kabine unterhielten wir uns ein bisschen und irgendwann fragte John, wann das Spiel denn bei ihm zu Hause gesendet werde. „Gleich bei Eurosport live." John daraufhin: „Ach, davon wissen meine Eltern ja gar nichts" – er war damals blutjung, fast noch ein Teenager. In der Kommentatorenkabine gibt es für den Notfall auch immer ein Telefon. Deshalb bot ich an: „Dann ruf doch schnell zu Hause an und sag Bescheid", was John aber partout nicht wollte, da es ein Auslandsgespräch sei und viel Geld koste. „John", sagte ich, „wenn ich unsere Sendezentrale in Frankreich anrufe, ist das auch ein Auslandsgespräch, das spielt keine Rolle. Komm, ruf an." Nach einigem Hin und Her rief er tatsächlich zu Hause an. „Mami, Mami, schalte Eurosport ein, die übertragen gleich live!" Mama und Papa wussten also nun Bescheid, das Match konnte losgehen. Und plötzlich verwandelte sich dieser John

Higgins komplett: Aus dem Bübchen wurde ein Killer, Gang und Blick waren plötzlich ganz anders, als er an den Tisch trat. Schon damals hatte er also die Mentalität, die Sieger ausmacht. Er spielte die ersten Frames bis zum Midsession Interval auch bärenstark, führte klar gegen seinen Kontrahenten Ken Doherty. In der Pause wollten wir das bisherige höchste Break des Turniers zeigen, was zufälligerweise John Higgins am Tag zuvor im Halbfinale gespielt hatte. Aber ich musste es noch mal neu kommentieren. Ich saß also in meiner Kabine und kommentierte gerade, als ich plötzlich hörte, wie die Tür aufging, die unglücklicherweise sehr laut quietschte. Sofort schaltete ich das Mikrofon aus und wollte schon losbrüllen: „Welcher Idiot kommt denn hier reingetrampelt, während ich auf Sendung bin?", sah dann aber eine Queuespitze im Türrahmen erscheinen und dachte noch: „Rolf, halt dich zurück." Zum Glück, denn der Queuespitze folgte John Higgins, der die Pause wieder bei mir in der Kabine verbringen wollte, um sich den langen Weg zur Players Lounge zu ersparen. Ich sagte: „John, kannst du machen, aber ich muss kommentieren. Du musst also leise sein." – „Kein Problem", meinte John. Ich: „Wir zeigen gerade dein Break von gestern, hast du vielleicht Lust, das mitzukommentieren?" John hatte. Ich setzte ihm also Kopfhörer auf und sagte den Kollegen im Ü-Wagen: „Macht bitte das zweite Mikro auf." – „Warum?" – „John Higgins ist bei mir, der kommentiert jetzt." – „Du spinnst!" – „Macht das zweite Mikro auf!" Glücklicherweise war noch ein Kameramann in der Arena, zu dem der Kollege im Ü-Wagen sagte: „Dreh mal die Kamera um und zeig uns, wer bei Rolf in der Kabine sitzt." Der Kameramann drehte folgsam die Kamera um, woraufhin ich meinen Regisseur im Kopfhörer sagen hörte: „Das ist ja wirklich John Higgins bei dir!" Beim folgenden gemeinsamen Kommentieren habe ich dann Blut und Wasser geschwitzt, weil ich ja alles, was John sagte, übersetzen musste. Aber für die Zuschauer war es natürlich fantastisch zu hören, wie er sein eigenes Break erklärte. Danach ging Eurosport in die Werbung – und John wieder an den Tisch, um das Finale zu gewinnen.

KAPITEL 4

DAS LEBEN ALS SNOOKERSPIELER

Vom Snooker sehr gut leben kann nur eine Handvoll Spieler, obwohl sich die Verdienstmöglichkeiten durch den Anstieg der Preisgelder – auf 14 Millionen britische Pfund für die Saison 2018/19 – in den letzten Jahren deutlich verbessert haben. Auf der Main Tour spielen in der aktuellen Saison 128 Spieler. Die Rangliste der Spieler ergibt sich aus den Ergebnissen, die sie in den Ranglistenturnieren im Zeitraum der letzten zwei Jahre erzielt haben. Die in den Turnieren erreichten Ranglistenpunkte entsprechen dem jeweils gewonnenen Preisgeld in britischen Pfund. Dabei geht es nur um eines: sportliche Qualifikation. Im Profisnooker gibt es keine Schutzräume, Quoten oder Ähnliches. Das erklärte Ziel besteht darin, sich sportlich zu qualifizieren, unabhängig von Nationalität, Geschlecht oder anderem. (Eine Ausnahme: Mit Jimmy White, Ken Doherty und James Wattana sind aktuell auch drei Veteranen auf der Main Tour vertreten, die dank einer Invitational Tour Card dabei sein dürfen. Diese Tourkarte gibt es für verdiente und besonders erfolgreiche Spieler, die nach ihrem derzeitigen Leistungsstand eigentlich nicht für die Main Tour qualifiziert wären.) Wer noch nicht auf der Main Tour spielt, hat verschiedene Möglichkeiten, sich für den Elitekreis der Profis zu qualifizieren. Die bekannteste ist die Q School, bestehend aus drei Turnieren, die meist Ende Mai unmittelbar hintereinander gespielt werden. Teilnehmen dürfen alle interessierten Amateure sowie Spieler, die nach der vergangenen Saison aus der Main Tour herausgefallen sind, weil sie in der Rangliste nicht hoch genug standen. Die insgesamt zwölf Halbfinalisten dieser drei Turniere bekommen dann einen Platz auf der Tour, der für die Dauer von zwei Jahren garantiert ist. Auch über Amateur-Weltmeisterschaften oder die kontinentalen Meisterschaften der Amateure (zum Beispiel Europameisterschaften, Asienmeisterschaften) kann man einen Tourplatz ergattern; so hat 2018 der Berliner Simon Lichtenberg als U-21-Europameister den Sprung auf die Profitour geschafft. Für die europäischen Spieler gibt es außerdem die Play-offs der European Billiards and Snooker Association (EBSA), bei denen zwei Plätze vergeben werden. Übrigens sind die Begriffe „Profi" und „Amateur" im Snooker eindeutig definiert: Profis sind nur die Spieler, die mit einem regulären Tour-Ticket an allen Events der Main Tour teilnehmen können. Alle anderen gelten als Amateure, obwohl viele von ihnen Snooker zumindest semiprofessionell betreiben.

Natürlich soll in diesem Zusammenhang auch Geld zur Sprache kommen, die Existenz als Profisnooker ist schließlich kein Hobby, sondern ein Beruf. Und es entspricht ganz der Philosophie von Barry Hearn, dass die Weltrangliste seit einigen Jahren als Geldrangliste geführt wird. Vereinfacht ausgedrückt: Die Preisgelder, die ein Spieler in den vorausgegangenen 24 Monaten bei Weltranglistenturnieren gewonnen hat, werden einfach aufaddiert. Nach jedem Turnier der aktuellen Saison fällt, grob gesagt, das Preisgeld für das entsprechende Turnier vor zwei Jahren aus der Wertung. Wichtig ist hierbei die Beschränkung auf die Weltranglistenturniere, denn es gibt ja noch andere offizielle Turniere, die durchaus renommiert und auch hoch dotiert sein können – zum Beispiel das Masters, das als eines der drei wichtigsten Turniere der Saison gilt. Die Preisgelder dieser sogenannten Einladungsturniere finden aber keinen Eingang in die Wertung der Weltrangliste. Der Hintergrund: Nicht alle Main-Tour-Profis haben die Chance, sich für diese Einladungsturniere zu qualifizieren. Topspieler hätten also mehr Möglichkeiten, Preisgelder zu sammeln als Spieler, die ziemlich weit unten im Ranking stehen, und damit bestünde keine (zumindest theoretische) Chancengleichheit mehr.

Die Topspieler sind natürlich echte Großverdiener. Hier einmal die Top Ten der Spieler, die im Laufe ihrer Karriere bisher die meisten Preisgelder eingestrichen haben. Darin eingerechnet sind sämtliche gewonnene Gelder, nicht nur die Preisgelder von Weltranglistenturnieren, sondern von allen offiziellen Events. Die Zahlen habe ich cuetracker.net entnommen, der von Ron Florax so brillant und akribisch geführten Internet-Datenbank (Stand 16. Juli 2018):

1. Ronnie O'Sullivan 9 765 634 £
2. Stephen Hendry 8 750 581 £
3. John Higgins 7 655 209 £
4. Mark Williams 5 875 846 £
5. Steve Davis 5 613 536 £
6. Mark Selby 5 007 871 £
7. Jimmy White 4 740 928 £

8. Neil Robertson 3 689 145 £
9. Shaun Murphy 3 669 262 £
10. Ken Doherty 3 627 193 £

Das sind natürlich stolze Summen und einige Spieler haben zudem erhebliche Nebeneinkünfte durch Werbung, TV-Auftritte, Exhibitions oder Bücher. Diese Spieler sollten für den Rest ihres Lebens ausgesorgt haben, wenn sie denn mit dem Geld vernünftig umgehen würden (was in der Geschichte des Snooker nicht alle gemacht haben). Verglichen aber mit dem, was die Topstars in manch anderen Sportarten so einstreichen, geht es im Snooker immer noch relativ bescheiden zu. Topstars im Tennis, im Golf, in der Formel 1 oder im Fußball würden angesichts solcher Gewinnsummen wohl nicht einmal den kleinen Finger (oder Zeh) heben. Andererseits gibt es durchaus Topsportler, die mit ihrer Sportart praktisch nichts verdienen und trotzdem absolute Spitzenleistungen bringen. Ruderer sind ein solches Beispiel. Da kann man noch so viele olympische Goldmedaillen gewinnen – für den Lebensunterhalt reicht es nicht. Ohne Unterstützung durch die Sporthilfe könnten sich die meisten ihren Sport gar nicht leisten, ganz abgesehen davon, dass sie neben ihrer Karriere als Spitzensportler auch noch eine Berufsausbildung absolvieren müssen, zum Beispiel ein Studium, sonst stünden sie nach dem Ende ihrer Sportkarriere mit leeren Händen da. Auch Tänzer können in der Regel nicht von ihrem Sport allein leben. Dies sind nur zwei Sportarten, in denen ich mich selbst auskenne. Verglichen damit stehen die Snookerprofis also gar nicht so schlecht da.

Und wie sieht der aktuelle Verdienst der Spieler aus? Einen guten Anhalt dafür bietet die Weltrangliste, auch wenn in ihr die Einnahmen aus Einladungsturnieren nicht berücksichtigt sind (aber die Spieler weit unten in der Rangliste sind bei diesen Turnieren in der Regel ohnehin nicht dabei). Nehmen wir also einmal das Ranking im Anschluss an die Weltmeisterschaft 2018, das sich aus den Preisgeldern der Monate Juni 2016 bis Mai 2018 zusammensetzt. Da führt Mark Selby mit mehr als 1,3 Millionen Pfund als Nummer eins vor Ronnie O'Sullivan mit mehr als 900 000 Pfund. Mark Williams und John Higgins folgen. Luca Brecel als bester kontinentaleuropäischer Spieler steht mit über 310 000 Pfund auf Platz 15, Ryan Day beschließt mit gut 303 000 Pfund die Top 16. Insgesamt haben 23 Spieler in diesen zwei Jahren mehr als 200 000 Pfund an Preisgeldern bei Ranglistenturnieren eingestrichen. Davon kann man schon komfortabel leben. Der Spieler auf Platz 50 dieser Liste, ein gewisser Stuart Carrington aus England (hierzulande nur den Hardcorefans bekannt, in ähnlichen Listenregionen findet man aber bereits so bekannte Namen wie Matthew Stevens und Peter Ebdon), verdiente in diesem zweijährigen Zeitraum gut 104 000 Pfund an Preisgeldern. Davon kann man zwar leben, aber, je nach Familiengröße, nicht unbedingt im Luxus. Außerdem muss man wissen, dass alle Spieler 2,5 Prozent ihres Preisgelds an die WPBSA zur Finanzierung der Verbandsausgaben abführen. Ab Platz 51 abwärts sieht es entsprechend schlechter beziehungsweise sogar ziemlich mau aus. Lukas Kleckers zum Beispiel hat in seiner ersten Profisaison gerade einmal 2000 Pfund an Preisgeldern kassiert. Ein Preisgeld gibt es übrigens erst ab der zweiten Runde eines Turniers, ab der Runde der letzten 64. Das Erreichen dieser Runde wird dann, je nach Turnier, mit 1000 bis 6000 Pfund belohnt. Wer in der ersten Runde ausscheidet, geht leer aus. Davon abzuziehen sind natürlich die Kosten, die einem Spieler durch die Teilnahme am Turnier entstehen. Dabei handelt es sich in erster Linie um Reise- und Hotelkosten, außerdem muss man vor Ort ja auch noch etwas essen. Bei Turnieren in China können die Spieler meist zu besonderen Konditionen fliegen und die Veranstalter übernehmen auch die Hotelunterbringung, solange man noch im Turnier ist, aber bei anderen Turnieren gehen alle Ausgaben zu Lasten der Spieler. Da war es schon eine enorme Hilfe, dass mit Beginn der Saison 2017/18 die Startgelder für reguläre Main-Tour-Profis abgeschafft wurden. Zuvor schlugen sie nämlich pro Saison mit mehr als 5000 Pfund zu Buche.

Die Spieler in den unteren Regionen der Rangliste müssen sich also noch weitere Einnahmemöglichkeiten erschließen. In der Regel sind das lokale Sponsoren, die helfen, über die Runden zu kommen, etwa der örtliche Autohändler oder andere Geschäftsleute vor Ort. Oft genug buttert auch die Familie zu. Ansonsten hilft nur noch ein Nebenjob, manchmal sogar im lokalen Snookerclub. Es hat durchaus schon Profis gegeben, die nebenbei in ihrem Club am Zapfhahn standen. Früher gab es in Großbritannien auch den „Residential Pro" – das war ein Profi, der fest bei einem Club angestellt war und anderen Mitgliedern mit Rat und Tat (zum Beispiel beim Training) zur Verfügung stand. Aus Kostengründen wurde dieser Posten aber flächendeckend abgeschafft.

DER WEG ZUM PROFI

Die Profis auf der Main Tour haben typischerweise alle schon als Kinder, mit sechs, sieben Jahren oder sogar noch eher, mit dem Snookerspielen angefangen. Es ist übrigens kein Zufall, dass die heutige Spielergeneration so sicher mit dem Hilfsqueue ist: Wenn man bereits als kleines Kind mit dem Training beginnt, dann braucht man die Hilfsgerätschaften beinahe ständig – das übt. Wer das notwendige Talent hat und genug arbeitet, kann schon mit 16 Jahren reif für die Main Tour sein. Manche brauchen aber länger und schaffen den Sprung erst als Twen. 16 Jahre war lange auch das vorgeschriebene Mindestalter für Main-Tour-Profis, diese Grenze ist aber mittlerweile gefallen. Als Faustregel gilt, dass man etwa 10 000 Stunden intensives Training investieren muss, um das notwendige Spitzenniveau zu erreichen. Interessanterweise gilt dieser Grundsatz nicht nur im Snooker, sondern in fast allen Sportarten.

Ding Junhui ist unter den heutigen Topspielern geradezu ein Spätstarter: „Erst" mit neun Jahren nahm er ein Queue in die Hand, übte dann aber acht Stunden täglich, sieben Tage die Woche, um 2002 im Alter von 15 Jahren der jüngste U-21-Weltmeister aller Zeiten zu werden, zumindest nach der offiziellen Zählung (Michael White gewann 2006 mit nur 14 Jahren den IBSF World Grand Prix, der damals als WM-Ersatz gespielt wurde, weil die Amateur-Weltmeisterschaft in Pakistan wegen eines Erdbebens abgesagt werden musste). Auch Ding hat also die obligatorischen 10 000 Stunden investiert und das mit Erfolg: Neben der U-21-WM gewann er nämlich 2002 auch die Asienmeisterschaft, wurde U-21-Asienmeister und holte dazu noch Einzelgold bei den Asian Games.

Was müssen diese Kinder also mitbringen? Natürlich ist die Grundvoraussetzung für eine Karriere im Snookersport immer ein gewisses naturgegebenes Talent, aber mit Begabung allein kommt man nicht weit. Ronnie O'Sullivan gilt generell als der Spieler mit dem größten Naturtalent und wird von Rob Walker, dem Master of Ceremonies bei der WM, oft beim Einlauf auch als „the most naturally gifted player ever to pick up a cue" vorgestellt. Aber was bedeutet das eigentlich? Geht es um Hand-Auge-Koordination? Die Fähigkeit, visuelle Konstellationen blitzschnell zu erkennen, mehrere Spielzüge vorauszukalkulieren und unzählige Bilder abzuspeichern, ähnlich wie bei Schach? Das Gefühl für die Reaktion der Bälle, dafür, was man dem Ball mitgeben muss?

Shaun Murphy soll in einem Interview mal gesagt haben: „Ich glaube nicht an natürliches Talent. Ich denke, manche Menschen arbeiten einfach härter als andere." Mark Selby wiederum hat offen darüber gesprochen, dass in seinen Augen andere Spieler mehr Begabung mitbringen als er. Er gehört aber zu den Spielern, die sehr hart arbeiten. Der generelle Konsens scheint zu sein: Naturtalent ist schön und gut, aber zum Topspieler wird man nur durch eiserne Disziplin, Siegeswillen, mentale Stärke und Selbstbewusstsein. Zehn Prozent des Erfolgs sind vielleicht Talent, aber 90 Prozent macht der Kopf aus. Die enorme Nervenstärke von John Higgins und Mark Williams habe ich ja schon erwähnt. Doch der Mann, der seit Februar 2015 ununterbrochen die Weltrangliste anführt, der seit 2012 jede Saison als Nummer eins beendet hat und gemeinhin als Mann ohne Nerven beziehungsweise als Mann mit Nerven aus Drahtseilen gilt, ist der schon erwähnte Mark Selby. Ich pflege gern zu sagen: „Als der liebe Gott die Nerven verteilte, stand Mark nicht in der Schlange, sondern am Snookertisch." Jeder weiß: Gegen Selby darf man sich nie sicher fühlen, egal wie groß der eigene Vorsprung ist. Der

Typ kann jederzeit zurückkommen. Und mit diesem Nimbus setzt er seine Kontrahenten noch mehr unter Druck, sodass diese auch dann nicht durchatmen können, wenn sie drei, vier Frames vorne liegen, sich ein kleines Polster erarbeitet haben. Nein, bei Selby bleibt der Druck konstant hoch. Das ist natürlich auch eines der Geheimnisse seines Erfolgs. Und wenn es mit dem Breakbuilding mal nicht so läuft (obwohl er mit über 500 Century Breaks ein hervorragender Breakbuilder ist), verlegt er sich eben auf sein fantastisches Safety-Spiel und verbeißt sich dabei, bildlich gesprochen, wie ein Pitbull ins Spielgeschehen. Als ich ihn aber einmal auf seine Nervenstärke und unfassbare Coolness ansprach, meinte er: „Nee, nee, vertu dich da nicht, ich spüre den Druck schon ganz gewaltig. Es passiert öfter, dass ich damit nicht zurechtkomme, als das es klappt." Schwer zu glauben – anmerken lässt er sich auf jeden Fall nichts. Bekannt ist er neben seiner mentalen Stärke aber auch für sein enormes Arbeitsethos, er feilt ständig an den Details seines Spiels. Womit wir dann wieder bei der Frage wären, was schwerer wiegt: Talent oder Mentalität? Diese Frage dürfte damit beantwortet sein.

Aber auch wenn man als Youngster ein überragendes Naturtalent ist und es in Sachen Selbstbewusstsein und Nervenstärke faustdick hinter den Ohren hat: Der Schritt zum Profi ist mutig – denn wer mit 16 oder 17 Jahren Profi wird, hat ja noch keine abgeschlossene Berufsausbildung und demzufolge auch keinen Plan B. Neil Robertsons erster Versuch, sich als Snookerprofi zu etablieren, scheiterte. Bereits mit 14 gewann er Turniere in seiner Heimat Australien, wurde mit 16 Profi und zog nach Großbritannien, wo er aber schon bald aus der Main Tour herausfiel. Also stand er irgendwann wieder bei Mama in Australien auf der Matte, die sowieso der Meinung war: „Das ist nichts Seriöses, was der Junge da macht", und sich nun in ihrem Urteil bestätigt fühlte. Doch Neil wagte einen zweiten Versuch, qualifizierte sich mit 19 Jahren wieder für die Main Tour und machte sich mit nur ein paar hundert Pfund in der Tasche und einem Queue wieder auf ins Gelobte Snookerland (sprich Großbritannien). Er besaß damals noch nicht einmal eine Weste und musste sich für Turniere immer eine leihen. Und diesmal schaffte er den Durchbruch. Inzwischen verdient der Weltmeister von 2010 mit seinem Metier gutes Geld (siehe oben), aber der Weg an die Spitze war steinig und hart erarbeitet.

An dieser Stelle vielleicht ein kurzes Wort zur Situation der deutschen Profis. Hier sind die Strukturen für junge, aufstrebende Spieler natürlich ganz andere als in Großbritannien. Wer sich in Deutschland zur nationalen Spitze vorgearbeitet hat, ist ein großer Fisch in einem sehr, sehr kleinen Teich. Wer hingegen in Großbritannien (für China gilt Ähnliches) das Amateursystem durchlaufen und sich durchgesetzt hat, entwickelt viel mehr Matchhärte – neben den oben genannten Eigenschaften ein weiteres sehr wichtiges Leistungsmerkmal –, weil der Spielbetrieb in diesen Ländern deutlich intensiver ist. Um Matchhärte zu entwickeln, muss man viele harte Matches spielen – das lässt sich im Training nicht simulieren. Und wenn es keine harten Matches in ausreichender Zahl gibt, dann wird es mit der Matchhärte eben nichts. Unter diesem Problem leidet der deutsche Snookersport im Moment ganz massiv. Hinzu kommen strukturelle Probleme aufseiten des Verbandes, wo meiner Meinung nach nicht das gemacht wird, was notwendig ist, um den Sport in Deutschland entscheidend voranzubringen. Dass die Deutsche Billard-Union finanziell alles andere als auf Rosen gebettet ist, liegt auf der Hand – wir alle wissen, dass die öffentliche Förderung für den Billardsport in Deutschland in keinster Weise mit der für andere Sportarten vergleichbar ist. Dementsprechend limitiert sind natürlich die Möglichkeiten. Kein Verständnis habe ich aber für einen Fall wie den von Simon Lichtenberg, der 2018 als erster Deutscher die U-21-Europameisterschaft gewann und damit nach einigen verbandspolitischen Schwierigkeiten sein Ticket für die Main Tour löste. Simon hätte dann auch bei der Herren-Europameisterschaft mitspielen können, die direkt im Anschluss stattfand. Aber die Deutsche Billard-Union sagte: „Stopp, jeder spielt nur in seiner Altersgruppe. Du bist U-21, spielst also nicht bei den Herren mit." Er war vor Ort, es hätte keinen Extra-Aufwand erfordert, nur ein paar Tage Hotel mehr. Und da nimmt man so einem Jungen die Chance, mal auf hohem Niveau Matchpraxis zu sammeln und die nötige Matchhärte zu entwickeln. Dafür fehlt mir jegliches Verständnis. Solange auf diese Art und Weise selbst die wenigen Chancen, die es für unsere deutschen Spielerinnen und Spieler gibt, in den Sand gesetzt werden, ist es natürlich wirklich schwer, absolute Spitzenspieler auszubilden. Im Moment haben wir auf der Main Tour ja schon Lukas Kleckers, für den das erste Jahr erwartungsgemäß sehr schwierig war, er musste das Leben dort erst einmal kennenlernen. Hinzu kam, dass potenzielle Sponsoren in letzter Minute abgesprungen waren – von den Preisgeldern allein kann man auf diesem Niveau noch nicht leben. Deswegen hat er zwar hoffnungsvolle Ansätze gezeigt, ist aber noch nicht den Ansprüchen gerecht geworden, die er an sich selbst stellt. Sein zweites Jahr wird ein hartes Stück Arbeit. Ich kann nur hoffen, dass die beiden Spieler sich ein bisschen zusammenschließen und gegenseitig stärken, aber der Weg bis an die Weltspitze ist ein sehr, sehr weiter. Der große Fisch im kleinen deutschen Teich wird da plötzlich zu einem klitzekleinen Fisch in einem riesigen Teich, in dem zu allem Überfluss große und sehr hungrige andere Fische herumschwimmen.

Beim Übergang vom Amateur- zum Profistatus geht es zudem nicht nur um Technik und Wettkampfpraxis, sondern auch um die Frage: Wie organisiere ich mein Umfeld, wie bereite ich mich richtig auf Turniere und Matches vor? Bei Amateurturnieren waren die Spieler nur am Wochenende unterwegs, in der Woche aber wieder zu Hause und sind dort zur Schule gegangen. Das Leben als Profi ist ganz anders, damit umzugehen, muss man erst mal lernen. Und auch die spielerische Herangehensweise ist bei den Profis eine andere. Ich erlebe es oft, dass deutsche Spieler zu mir sagen: „Den Ball kann ich, den habe ich schon mal gespielt." Ich sage dann immer: „Das ist der Grund, warum du kein Profi bist, denn ein Profi würde so etwas niemals sagen." Bevor ein Profi einen Ball in sein Wettkampfrepertoire aufnimmt, muss er im Training mit ihm eine Trefferquote von über 90 Prozent erzielt haben. Bei einer geringeren Sicherheit wird er den Stoß niemals in einem Match einsetzen, weil er weiß, dass im Wettkampf das Niveau etwas sinkt. Ein Amateur hingegen denkt sich: „Den habe ich schon dreimal gelocht, darum versuche ich das jetzt im Match auch." Stephen Hendry hat einmal zu Neil Robertson gesagt, als dieser schon mehrfacher Turniersieger und Weltmeister war: „Neil, du spielst wie ein Amateur." Auf Robertsons verdutzte Nachfrage antwortete Hendry: „Du spielst nur darum, den Frame zu gewinnen. Wenn du 70 Punkte hast und der

Frame sicher ist, verlierst du das Interesse. Du solltest aber bei jeder Chance versuchen, ein Century zu machen." Hendry erklärte ihm, dass es ja schön und gut sei, Frames zu gewinnen, aber auch darum gehe, den Gegner vom Tisch fernzuhalten, dafür zu sorgen, dass er auf seinem Stuhl festfriert. Und darum, eine Duftmarke zu setzen, zu sagen: „Hier, sieh mal, was ich kann, ich schieße dir jetzt die Centuries um die Ohren." Das gehört zur Psychologie dieses Sports dazu und das verschenkt man, wenn man bei 70 Punkten zu spielen aufhört. Neil Robertson nahm sich diesen Rat zu Herzen und spielte in der darauffolgenden Saison über 100 Centuries.

TURNIERE UND TRAINIEREN

Das Leben eines Snookerprofis besteht im Wesentlichen aus zwei Komponenten: Trainieren und Turniere. Würde ein Spieler alle Turniere mitspielen und dabei auch regelmäßig weit kommen, dann wäre er mehr als 150 Tage pro Jahr im Einsatz, Qualifikationen mitgerechnet. Rechnet man noch An- und Abreise hinzu, kommt da ganz schön was zusammen. Spieler, die um ihren Tourverbleib kämpfen, sollten sich tunlichst für so viele Turniere wie möglich melden. Spitzenspieler können es sich eher leisten, auch mal eine Auszeit einzubauen und auf Turniere zu verzichten, gerade wenn das Preisgeld nicht besonders hoch ist. Die Möglichkeit nutzen mittlerweile viele. Die meisten Pausen gönnt sich Ronnie O'Sullivan, der in der Saison 2017/18 neun der 23 offiziellen Main-Tour-Events ausgelassen hat. Andere dagegen wie zum Beispiel Shaun Murphy und Stuart Bingham spielen so viele Turniere wie möglich, nicht zuletzt deshalb, weil sie sich als Botschafter des Snooker sehen. Jeder muss da seine eigene Balance finden. Früher, als es pro Jahr nur etwa zehn Events gab, war es selbstverständlich, dass alle Spieler alle Turniere spielten. Mit der Ausweitung des Kalenders haben dann selbst erfahrene Profis lernen müssen, was Saisonplanung bedeutet – etwas, das für die Akteure in anderen Sportarten schon lange eine Selbstverständlichkeit ist.

Das Training gehen die einzelnen Spieler natürlich individuell an, aber ein fast tägliches Trainingsprogramm von mehreren Stunden ist die Norm. Mark Williams trainiert zum Beispiel fünf bis sechs Stunden täglich. Auch in dieser Hinsicht muss jeder Spieler das für ihn richtige Maß finden. Manche Spieler verfahren auch nach dem Motto: Qualität geht vor Quantität. Da reichen dann zu normalen Zeiten vielleicht zwei oder drei Stunden, die dafür sehr konzentriert absolviert werden. Vor wichtigen Turnieren werden die Schlagzahl und Intensität des Trainings natürlich deutlich erhöht.

Viele Spieler trainieren in ihrem Club oder einem Snookercenter vor Ort. „Club" meint dabei nicht den herkömmlichen Sportverein, wie wir ihn in Deutschland kennen. Oftmals sind es traditionelle Social Clubs, in denen Snooker nur eines von vielen Freizeitangeboten ist. Auch Snookercenter, die eine eigene Schanklizenz besitzen, nennen sich oft „Club". Mittlerweile gibt es in Großbritannien auch eine Reihe von sogenannten Akademien, die sich zu Hotspots entwickelt haben. Viele Spieler trainieren dort regelmäßig, andere kommen zumindest immer mal wieder für ein paar Wochen vorbei. Das Trainieren in solchen Centern oder Akademien hat den Vorteil, dass man auch im Training starke Spielpartner hat. Clubs und Center sehen es durchaus gerne, wenn namhafte Profis ihre

Einrichtung als Trainingsbasis nutzen, denn das zieht schließlich weiteres Publikum an. In Akademien muss man in der Regel zahlen, in anderen Einrichtungen mit den Betreibern ein Arrangement treffen. Manchmal tauchen aber auch Probleme auf. Matthew Stevens hatte seinen Trainingstisch vor vielen Jahren in einem Club stehen, doch dann baten die Club-Oberen den walisischen Drachen, seinen Tisch zu entfernen – der spielte sich nämlich so schnell, dass darauf kein anderes Clubmitglied zurechtkam.

Einige Spieler haben sich mittlerweile eigene Trainingsmöglichkeiten geschaffen. John Higgins hat zum Beispiel vor einiger Zeit bei sich zu Hause angebaut. Vorher musste er immer einige Kilometer zum Training fahren, nun spart er sich die Anfahrt, ist für die Familie immer erreichbar und kann trotzdem die nötigen Stunden am Trainingstisch absolvieren. Shaun Murphy, der eher ländlich etwas außerhalb von Nottingham wohnte, hatte in der Nähe in einem Industriegebiet Räumlichkeiten angemietet, wo er sein Büro einrichtete und wo auch sein Trainingstisch stand – eine Art Firmenzentrale sozusagen. So konnte er Beruf und Privates trennen und komplett abschalten, wenn er nach Hause kam. In Dublin, der neuen Heimat der Familie Murphy, wird er sicher wieder nach etwas Ähnlichem Ausschau halten.

Trainiert wird in der Regel auf Star-Tischen, auf denen auch die Turniere gespielt werden. World Snooker Services, ein Tochterunternehmen von World Snooker, das für die Ausstattung der Turniere zuständig ist, besitzt eine Reihe von Tischen, die während der Saison von einem Austragungsort zum anderen gefahren und dort regelmäßig auf- und abgebaut werden. Am Ende der Saison werden die Tische dann ausgemustert und Spieler können sie zu günstigen Konditionen kaufen und bei sich aufbauen. Ähnliches gilt für die Bälle: Jeder Satz Bälle, der bei einem Turnier zum Einsatz kam, wird von World Snooker später aussortiert. Auch diese Bälle, die ja noch absolut in Ordnung sind, können die Spieler anschließend zu einem günstigen Preis erwerben. Ziel der Spieler ist es natürlich, im Training den Wettkampfbedingungen so nahe wie möglich zu kommen. Würde jemand immer nur auf einem relativ langsamen Tisch trainieren, so würde ihm an den schnellen Turniertischen erst einmal schwindelig werden.

Das Training besteht zu einem Großteil aus dem einsamen Herumstoßen von Bällen in unterschiedlichsten Konstellationen. Ding Junhui liebt es zum Beispiel, sich knifflige Ballkonstellationen aufzusetzen und dann an der Lösung herumzutüfteln. Dabei wirkt er manchmal wie ein kleines Kind, das zu Weihnachten die neue Spielzeugeisenbahn ausprobiert. Zum Training gehören immer verschiedene Übungseinheiten. Man arbeitet zum Beispiel nur mit der Weißen, die dann präzise auf einen bestimmten Punkt gebracht werden muss (zum Beispiel vom braunen Spot auf den schwarzen). Das schult die Spielballkontrolle und die Kontrolle über das Tempo des Spielballs. Außerdem überprüft man damit immer wieder, ob man mit dem Queue sauber in den Spielball kommt. In einer anderen Trainingseinheit geht es darum, einen Ball aus einer bestimmten Position heraus in eine bestimmte Tasche gerade zu lochen. Das macht man dann mit verschiedenen Wirkungen: mal als Nachläufer, mal als Zugball, als Stoppball usw. Auch hier geht es um die Präzision des Stoßes und die Kontrolle der Wirkung, die man dem Ball mitgibt. Immer wichtig bei derartigen Übungen: vielfach wiederholen und am besten auch konsequent Buch über den Erfolg (oder Nichterfolg) führen, zum Beispiel durch eine Punktewertung. Daran kann ein Spieler Schwarz auf Weiß ablesen, ob er sich verbessert und ob er ein ausreichendes Maß an Sicherheit hat („ausreichend" heißt bei einem Top-Profi natürlich etwas anderes als bei einem Hobbyspieler).

Unverzichtbar sind beim Training etwa sogenannte Line-ups. Da gibt es eine Vielzahl an Übungen. Dabei werden die Roten auf einer Linie aufgesetzt, zum Beispiel auf der Mittelachse des Tisches. Und dann geht es darum, immer (wie im Match) abwechselnd Rot und Farbe zu lochen und dabei den Tisch komplett abzuräumen. Das lässt sich dann variieren. Eine Aufgabe, um das Ganze ein bisschen anspruchsvoller zu gestalten, wäre zum Beispiel, dass stets Schwarz als Farbe gelocht wird. Und/oder man muss den Spielball immer auf derselben Seite der Roten ablegen.

Natürlich werden auch Standards immer wieder trainiert. Wer den Anfangsball verhaut, hat schnell ein Problem. Oder man übt das Endspiel auf die Farben. Die meisten Frames werden ja in der Regel auf die Farben entschieden. Wer da mehr Sicherheit hat, ist klar im Vorteil. Also heißt es, diese Standards immer und immer wieder zu üben, um den notwendigen Grad an Automatismen zu erreichen. Der Körper weiß dann irgendwann von selbst, welche Bewegungen er ausführen muss, und das Gehirn kann sich etwas ausruhen. All das sind Übungen, die man wunderbar allein trainieren kann. Trotzdem ist es für einen Spieler angenehm, einen Freund dabeizuhaben, der die Bälle aufsetzt. Auch ich habe schon mal für Profis den Ballaufsetzer gespielt. Da die Jungs am Trainingstisch, wo kein Druck herrscht, noch sicherer lochen als in einem Match, fliegt man in dieser Funktion regelrecht um den Tisch herum, damit der Spieler im Fluss bleiben kann.

Auch Trainingsmatches gehören natürlich zum Programm. Ist kein passender Spielpartner da, dann kann man zur Not auch gegen sich selber spielen (oder versuchen, vom Anstoß weg eine 147 zu spielen). Oftmals verabreden sich Spieler auch zum gemeinsamen Training. Zwar ist ein Trainingsspiel etwas anderes als ein Wettkampfmatch, aber es bietet immerhin eine ganz gute Simulation. Da ist es praktisch, wenn andere Profis in der Nähe leben. So trainieren Neil Robertson und Joe Perry in Cambridge regelmäßig miteinander (falls Neil nicht verschläft). Regelmäßig treffen sich auch die Jungs aus Glasgow (Higgins, Maguire, McGill, McManus). Die spielen dann im Training sogar kleine Turniere, bei denen es auch um Geld geht. Das Ziel ist aber nicht, sich gegenseitig ein paar Pfund aus der Tasche ziehen, sondern Druck wie im Turnier aufzubauen. Das gemeinsame Training hat allerdings Grenzen. Stehen zum Beispiel bei der Weltmeisterschaft beide Spieler in derselben Hälfte des Turnierbaums, werden sie im Vorfeld eher nicht gemeinsam trainieren.

Oft arbeiten die Profis auch mit Trainern zusammen. So hat Frank Callan zum Beispiel Stephen Hendry über weite Strecken seiner Karriere begleitet. Als wahrer Trainer-Guru gilt Ex-Weltmeister Terry Griffiths, der sich besonders gut in mentale Fragen und Probleme einfühlen kann und seine Schützlinge in diesem Bereich stärkt. Auch mit Mark Williams hat Griffiths lange Zeit zusammengearbeitet. Ein anderer Topcoach ist Chris Henry, der Peter Ebdon, Stephen Hendry, Shaun Murphy und Luca Brecel trainiert hat, um nur einige zu nennen. Allerdings ist es im Snooker nicht so, dass Trainer und Schützling jeden Tag zusammenkommen. Man trifft sich für ein paar Tage, dann muss der Spieler die gestellten Aufgaben wieder alleine abarbeiten und man steht allenfalls telefonisch in Kontakt. So kann ein Coach auch mehrere Spieler betreuen. Hat ein Spieler einen festen Coach, dann wird dieser aber zumindest bei den großen Turnieren dabei sein, um seinen Schützling zu unterstützen. Momentan pilgern die Spieler scharenweise zu Stephen Feeney. Das ist nämlich der Trainer, der aus dem Beinahe-Rentner Mark Williams wieder einen Weltmeister gemacht hat. Lee Walker, Kumpel und Coach von Williams, hatte „Willo" überredet, es einmal mit Feeney und seiner „SightRight"-Methode zu versuchen. Der Erfolg war, wie wir gesehen haben, überwältigend. Dabei ist Feeney kein klassischer Snookertrainer. Vielmehr hat er eine Methode und Hilfsmittel entwickelt, die den Spieler beim korrekten Anvisieren des Stoßes unterstützen. Feeney hatte nämlich festgestellt, dass viele Spieler den Ball nicht auf der korrekten Linie anvisieren, sondern parallel zu ihr oder sogar leicht gekreuzt. Das hat mit unterschiedlichen Sehstärken beider Augen zu tun und damit, dass die meisten Menschen ein dominantes Auge haben. Außerdem spielen einem Auge und Gehirn oft einen Streich. Feeney hat daraufhin Hilfsmittel entwickelt und patentiert, um die korrekte Visierlinie anhand objektiver Kriterien festzulegen. Die Verwendung dieser Hilfsmittel ist im Match natürlich nicht gestattet, aber bei vorherigem intensivem Training automatisiert sich der Sehprozess und der Spieler kann das Gelernte im Match auch ohne Hilfsmittel umsetzen. Das hat Mark Williams eindrücklich bei der WM 2018 demonstriert, als er einige Bälle mit geschlossenen Augen spielte. Feeney hatte zuvor schon Stuart Bingham bei dessen WM-Triumph 2015 gecoacht. Nach dem Erfolg von Williams haben sich ihm noch weitere Spieler wie Shaun Murphy, David Gilbert, Martin Gould oder auch Marco Fu angeschlossen. Seit Sommer 2018 gehört sogar Ronnie O'Sullivan dazu.

MENS SANA IN CORPORE SANO –
AUCH IM SNOOKER

Schon die alten Römer wussten, dass ein gesunder Geist nur in einem gesunden Körper gedeihen kann, und auch bei den Snookerspielern der heutigen Zeit hat sich inzwischen weitestgehend herumgesprochen, dass neben dem reinen Snookertraining physische Fitness und eine gesunde Ernährung absolut maßgeblich sind, um am Snookertisch Topleistungen abzurufen. Zum einen hält man mit entsprechenden Fitnessübungen das viele Stehen und Sich-über-den-Tisch-Beugen besser durch, zum anderen können Sport und eine entsprechende Ernährung die Konzentrationsfähigkeit und Ausdauer bei stundenlangen Matches enorm steigern. Je größer der Konkurrenzdruck, desto größer auch die Notwendigkeit beim Spieler zu überlegen: „In welchem Bereich kann ich noch ein paar Prozentpunkte herauskitzeln?" Das Feld der Spitzenspieler ist mittlerweile so ausgeglichen, dass diese versuchen müssen, jeden sich bietenden Vorteil zu nutzen. Und so sehen wir in den letzten Jahrzehnten immer mehr durchtrainierte Spieler fit um den Tisch herumfedern. Kyren Wilson geht das Thema Fitness zum Beispiel sehr professionell an, mit einem ganzen Programm, das er mir einmal aufzählte. Er hat allerdings das Glück, dass sein jüngerer Bruder ein qualifizierter Personal Trainer ist, der bei Kyren zunächst einmal eine professionelle körperliche Bestandsaufnahme machte und ihm dann ein Fitnessprogramm auf den Leib schnitt. Dass Kyren bei der WM 2018 so überzeugte und mit seiner starken Leistung das Halbfinale erreichte, ist nicht zuletzt auch darauf zurückzuführen. Ein Vorreiter dieser Fitnesswelle war Peter Ebdon, der schon vor 15, 20 Jahren täglich mindestens eine Meile schwamm – aber kein gemütliches Dahinplätschern, sondern richtiges „Kachelzählen". Laufen, Schwimmen, Besuche im Gym – alles, was fit macht, steht hoch im Kurs. Mark Williams zum Beispiel spielt regelmäßig Badminton und das auf einem recht ordentlichen Niveau. Unter den prominenten Spielern schwimmt eigentlich nur John Higgins nicht voll auf der Fitnesswelle mit – was aber nicht heißt, dass er abseits vom Snookertraining nur auf der faulen Haut liegt.

Dass Ronnie O'Sullivan sein mentales Gleichgewicht durch intensives Lauftraining aufrechterhält, ist spätestens seit dem Erscheinen seiner Autobiografie *Running* einer breiten Öffentlichkeit bekannt. Auch das Boxen hat „The Rocket" im Laufe seiner Karriere ausprobiert. Inzwischen hat Ronnie ein neues Steckenpferd: eine gesunde, ausgewogene Ernährung, bei der er sich von einer renommierten Ernährungsexpertin beraten lässt. O'Sullivan behauptet, seit seiner Ernährungsumstellung in der Form seines Lebens zu sein und ungeheure Energiereserven freizusetzen – seine sensationellen fünf Rankingturniersiege in der Saison 2017/18 scheinen dies zu bestätigen. Der Ernährungsguru unter den Snookerstars ist aber sicherlich Peter Ebdon. Peter ernährt sich schon seit längerer Zeit vegan und hat auch andere Spieler wie Anthony McGill oder Neil Robertson für diese Ernährungsweise begeistern können. „Ich hatte das Gefühl, mich gesünder ernähren zu müssen", so Neil, „um mir die Chance zu geben, das Beste aus meiner Karriere zu machen." Ebdon stand bei der WM 2012 auch Ali Carter beratend zur Seite, der an Morbus Crohn erkrankt ist und auf Ebdons Rat hin in seinem Umkleideraum täglich zehn Beutel Biomöhren zu Saft verarbeitete und in sich hineinschüttete – immerhin erreichte er dank der Kraft der Karotte (und natürlich einer gehörigen Portion Können) das Finale. Auch Stephen Lee versuchte Ebdon einmal in meinem Beisein von den Vorzügen einer veganen Ernährung zu überzeugen. Stephen hörte sich das alles ruhig an und fragte am Ende nur, ob er bei einer veganen Ernährung denn weiter rauchen dürfe. Apropos Rauchen: Tabak und Alkohol, die noch in den 80er-Jahren (zumindest inoffiziell) zum Snookerspiel dazugehörten wie Weste und Fliege, sind inzwischen selbstverständlich out. Die Raucher sind mittlerweile auch unter den Snookerprofis in der Minderheit, aber bei Turnieren kann man am Spielereingang trotzdem noch Spieler antreffen, die vor der Tür auch bei Minustemperaturen bibbernd ihrem Laster frönen – ein guter Tipp für Autogrammjäger. Gönnen sie sich die Zigarette im Midsession Interval, dann müssen sie besonders kräftig ziehen, um rechtzeitig wieder am Tisch zu stehen. Für mich als Raucher bietet sich dort öfter die Gelegenheit zu einem ungezwungenen Gespräch mit den Spielern. Raucher sind halt ein geselliges Völkchen, auch wenn mich das schon eine Vielzahl an Zigaretten gekostet hat („Rolf, hast du mal eine für mich?").

DIE PSYCHE

Wie stark es beim Snooker auf die mentale Konstitution ankommt, habe ich ja bereits mehrfach betont. Das liegt zum einen daran, dass Snooker ein Präzisionssport ist, bei dem es um Bruchteile von Millimetern geht: Eine kleine Verkrampfung und schon ist der Ball verschossen. Darüber hinaus sind es aber vor allem die Rahmenbedingungen des Sports, die der Psyche einiges abverlangen. Matches können mehrere Stunden dauern und (auf mehrere Sessions verteilt) über mehrere Tage gehen – eine lange Zeitspanne, in der die Spieler ihre Konzentration aufrechterhalten müssen. In dieser Zeit ist man aber nicht ständig in Aktion, sondern sitzt immer wieder tatenlos auf seinem Stuhl. Ist der Gegner am Tisch, hat man keine Möglichkeit einzugreifen, sondern muss ruhig abwarten, bis man wieder an der Reihe ist. Im Gegensatz dazu können die Akteure bei den meisten anderen Sportarten umgehend reagieren und versuchen, dem Kontrahenten das Leben schwer zu machen oder selber wieder die Initiative zu übernehmen. Beim Snooker bleibt nur zermürbendes Warten. Und während man wartet, hat man Zeit, den gerade verschossenen Ball Revue passieren zu lassen. Doch genau diese Grübeleien und Selbstzweifel gilt es unbedingt zu vermeiden – siehe Steve Davis und die zu dünn getroffene Schwarze im WM-Finale 1985.

Masters-Finale 1991: Stephen Hendry, amtierender Weltmeister, die Nummer eins der Rangliste, Masters-Gewinner der vorangegangenen zwei Jahre und absoluter Topfavorit, gegen Mike Hallett, zehn Jahre älter als Hendry und einige Rangplätze hinter ihm. Doch Hallett (der mittlerweile schon seit vielen Jahren für die Kollegen bei British Eurosport kommentiert) ist in der Form seines Lebens, fühlt sich nach eigener Aussage in diesem Turnier fast unschlagbar und führt nach der ersten Session am Nachmittag mit 7:0. „Diese sieben Frames gehörten zum besten Snooker, das ich je gespielt habe", sagt Hallett später. „Ich habe keinen einzigen Ball verschossen." Nach der ersten Session geht Hallett ins Hotel zurück und schaltet den Fernseher an – es läuft Fußball. Doch dann macht Hallett einen fatalen Fehler: Er schaltet um zum Sender, wo die Übertragung des Masters läuft. Moderator Tony Gubba fragt gerade seinen Studiogast John Spencer (den ersten Masters-Champion von 1975), wie er den weiteren Verlauf des Matches einschätze, woraufhin Spencer meint, Hendry müsse unbedingt die ersten zwei Frames der Abendsession gewinnen, um noch eine Chance zu haben. Hallett sagt heute: „Ich wünschte, ich hätte nie umgeschaltet, weil ich danach in der Abendsession auf meinem Stuhl saß und über dieses Interview nachgrübelte. Wäre ich doch beim Fußball geblieben." Hendry hingegen ließ im Hotelzimmer wohlweislich den Fernseher aus und dachte sich nur: „Ein Frame nach dem anderen, mal sehen, was passiert."

Und raten Sie mal, was passierte. Genau. Hendry gewann die ersten zwei Frames der Abendsession! Ab diesem Zeitpunkt war bei Hallett der Faden gerissen, Hendry siegte letztendlich mit 9:8. Man kann also sagen, dass die Bemerkung von John Spencer, die Mike Hallett rein zufällig mitbekam, sich wie ein Virus in seinem Gehirn einnistete und sein Selbstbewusstsein untergrub. Deshalb sollten die Spieler bei Matches auch zwischen den Sessions tunlichst nicht ihre

Textnachrichten auf dem Handy lesen oder in den sozialen Medien unterwegs sein. Zu allem Unglück musste Hallett nach der Ankunft zu Hause noch feststellen, dass während des Turniers in sein Haus eingebrochen worden war. Doch der psychische Knacks wog schwerer und hielt länger an. Hallett fiel aus den Top 16 heraus und gab später zu: „Ich brauchte sechs Monate, um diese Niederlage zu verwinden. Ich war am Boden zerstört." Hendry wiederum wurde mit insgesamt sechs Masters- und sieben WM-Titeln zum (bisher) erfolgreichsten Spieler aller Zeiten.

Auch dieses Finale ist ein wunderbares Beispiel dafür, dass Sieg oder Niederlage beim Snooker an einem seidenen (Nerven)faden hängen. Es geht darum, negative Gedanken zu vermeiden beziehungsweise bewusste Denkvorgänge möglichst auszuschalten und stattdessen in den berühmten „Flow" zu kommen. Natürlich haben die Spieler dafür gewisse Tricks und Kniffe. Unvergessen, als Ronnie O'Sullivan einmal, in seinem Sessel sitzend, unablässig die eingestanzten Rillen auf einem Löffelgriff zählte. Ich glaube, er weiß heute noch, wie viele es waren. Eine Standardübung ist die imaginäre Linie. Dabei stellt sich der Spieler eine gedachte Linie auf dem Boden vor, über die er dann bewusst hinwegtritt – in einem symbolischen Akt dafür, alles, was zuvor schiefgegangen ist, hinter sich zu lassen und aus dem Kopf zu bekommen. Den ultimativen Trick gibt es aber nicht. Jeder tickt ein bisschen anders und muss deshalb selber herausfinden, welche Methode für ihn am besten funktioniert. Oder sich professionelle Hilfe suchen – Auftritt der Mental Coaches, die heutzutage in allen möglichen Sportarten hoch im Kurs sind. Ronnie zum Beispiel arbeitet seit einigen Jahren mit dem renommierten Sportpsychologen Dr. Steve Peters zusammen und wird nicht müde, in der Öffentlichkeit zu betonen, wie sehr ihm dieser bei der Bewältigung seiner mentalen Instabilitäten geholfen hat.

GANZ NORMALE MENSCHEN

Als professioneller Snookerspieler ist man ein selbständiger Unternehmer, muss sich also um alles selber kümmern: die Buchhaltung in Ordnung halten, Flüge, Hotels und alles andere buchen. Einige Spieler haben Manager, die ihnen das abnehmen, aber die meisten erledigen das selber und führen ein ganz normales Leben jenseits des Rampenlichts. Stehen Reparaturen zu Hause an, legt auch mancher Weltmeister selbst mit Hand an. Shaun Murphy ließ zum Beispiel einmal via Twitter vermelden: „Waschmaschine kaputt, Shaun versucht zu reparieren, Haus geflutet, Frau und Kind gerettet." Und Mark Selby schnitt auf Drängen seiner Frau einmal die Gartenhecke, woraufhin seine Frau beschloss, dass ab sofort für solche Aufgaben ein Fachmann gerufen wird.

Natürlich gönnen sich die Spitzenverdiener schöne Häuser und Autos, aber alles im Rahmen. Viele stammen aus einfachen Verhältnissen und haben die Erfahrung gemacht, dass das Leben kein Ponyhof ist. Mark Williams ist zum Beispiel der Sohn eines Bergmanns, der in den walisischen Minen arbeitete; ein Knochenjob, die Familie lebte nicht gerade im Überfluss. Auch Mark Selby wurde nicht auf der Sonnenseite des Lebens geboren, er wuchs in einer Sozialwohnung auf und musste schon früh den Weggang der Mutter und den Tod des Vaters verkraften. Da verliert man nicht so leicht die Bodenhaftung.

John Higgins und Mark Williams beim WM-Finale 2018 – ein echter Krimi, bei dem keine Handfläche trocken blieb.
© imago/Xinhua

Mark Williams hatte vor dem WM-Finale laut getönt, er werde bei einem Sieg die anschließende Pressekonferenz nackt bestreiten. Ein Mann, ein Wort… © imago/Xinhua

Oben: Als legendärstes Snookermatch aller Zeiten gilt das WM-Finale von 1985 zwischen Steve Davis und Dennis Taylor (am Tisch). Davis lag schon 8:0 vorne, verlor dann aber, weil er die allerletzte Schwarze verschoss. © picture alliance/empics

Unten: The Crucible, Tempel des Snookersports. Hier nehmen viele Dramen ihren Lauf. © Getty Images/Matthew Lewis

Oben: Snookerlegenden Joe und Fred Davis mit ihrer stolzen Mama. Joe (1901–78) wurde zwischen 1927 und 1946 sage und schreibe 15 Mal Weltmeister, sein jüngerer Bruder Fred (1913–1998) brachte es immerhin auf acht Titel.
© picture-alliance/United Archives/Top Foto

Unten: Alex »Hurricane« Higgins (1949–2010), Weltmeister von 1972 und 1982, war das enfant terrible des Snookersports – und ein absoluter Publikumsliebling. © imago/Colorsport

Steve Davis (rechts) und sein Manager Barry Hearn dominierten in den 1980er-Jahren die Snookerszene: Davis am Tisch und Hearn als Promoter. © imago/Colorsport

Oben: An Stephen Hendry kam in den 1990er-Jahren keiner vorbei. Er stellte mit sieben WM-Titeln und dem Gewinn von 36 Ranking Events nicht nur einen bis heute ungebrochenen Rekord auf, sondern revolutionierte den Sport auch durch seine aggressive Spielweise. © Getty Images/Andrew Wong

Rechts: 2009 ergriff Barry Hearn das Zepter und krempelte den kränkelnden Snookersport gewaltig um – mit Erfolg. Ihm gelang es, die Zahl der Turniere weltweit zu erweitern und die Preisgelder enorm zu steigern. © Guido Hermann

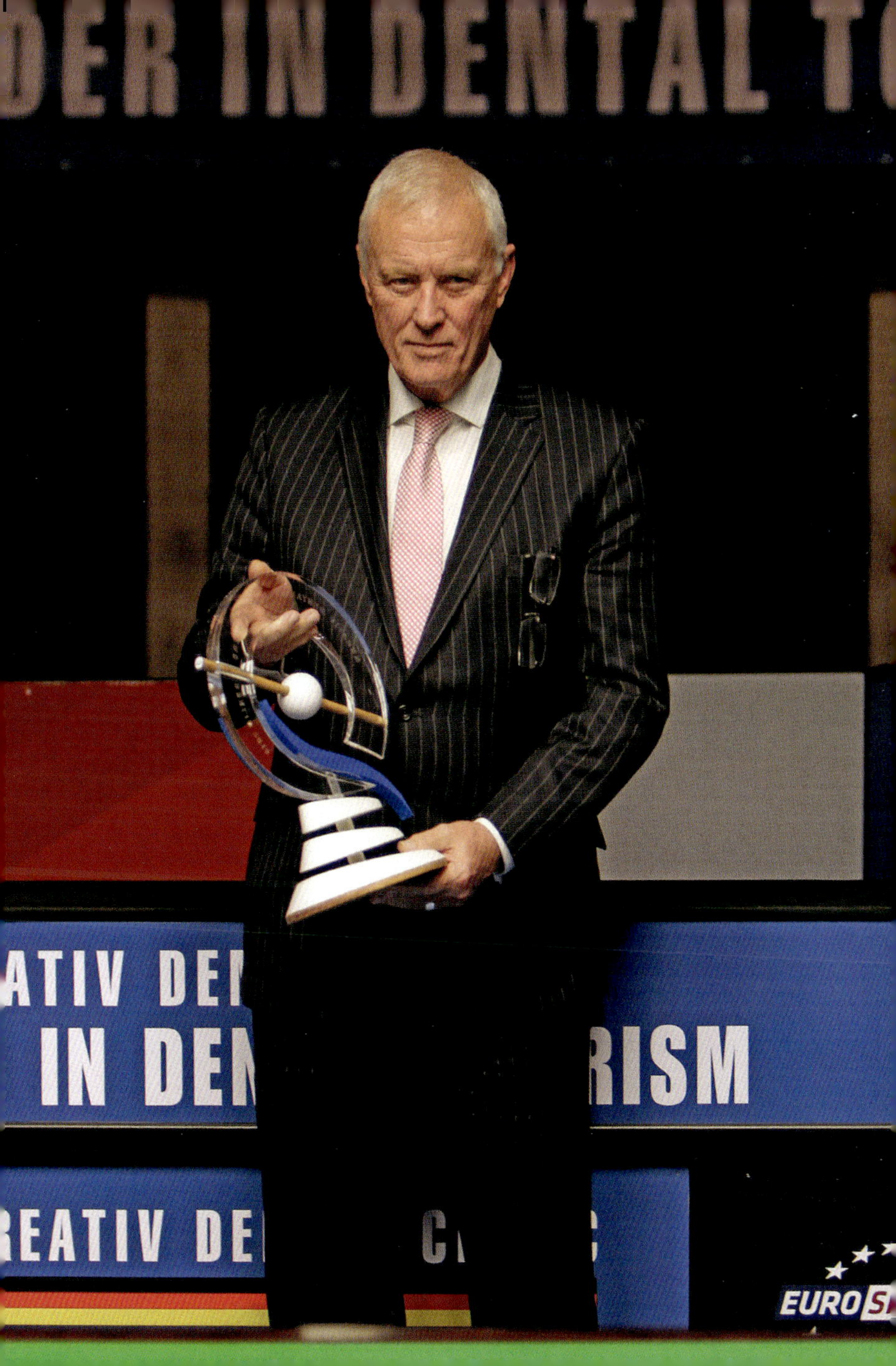
DER IN DENTAL T
ATIV DE
IN DE
RISM
EATIV DE
EURO

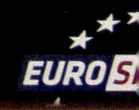

Oben: Als Paul Hunter 2006 mit nur 27 Jahren an Krebs starb, hinterließ er eine große Lücke. Der »Beckham of the Baize« war nicht nur Topspieler und Mädchenschwarm, sondern auch ein wunderbarer Mensch. Das German Open wurde ihm zu Ehren in Paul Hunter Classic umbenannt. © imago/VCG

Links: »The Rocket« Ronnie O'Sullivan ist der größte Star des Snookersports, was (neben gelegentlich etwas kontroversen Auftritten) vor allem an seinem rauschhaften Spielstil liegt. Zusammen mit John Higgins und Mark Williams wurde er 1992 Profi. In der Saison 2017/8, schlappe 26 Jahre später, gewann er fünf Weltranglisten-Turniere. Man darf gespannt sein, was noch kommt. Das Foto zeigt ihn am 25. März 2018 nach dem Triumph gegen Shaun Murphy im Finale der Ladbrokes Player Championship in Llandudno, Wales. © imago/Barry Bland

Ding Junhui ist mitverantwortlich dafür, dass China heute eine Nation von Snookerverrückten ist. Aber nicht nur Chinesen fragen sich, wann er seinen ersten WM-Titel holt. Seine geschmeidig-elegante Spielweise ist ein wahrer Augenschmaus für Snooker-Connaisseure. © imago/VCG

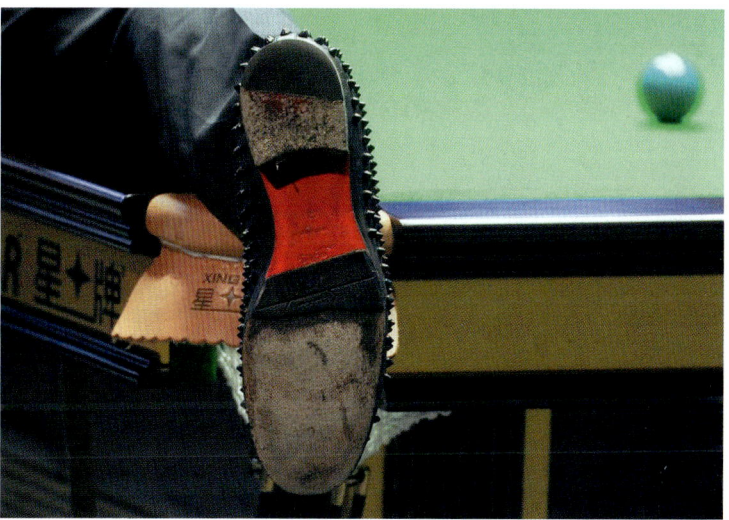

Oben: Der dreimalige Weltmeister Mark Selby wird seinem Spitznamen »Jester from Leicester« oft mit lockeren Späßchen am Rande des Spielgeschehens gerecht. Am Tisch ist er aber ein gefürchteter Gegner, der niemals aufgibt und sich in brenzligen Situationen förmlich im Tischtuch verbeißen kann. Hier interviewe ich ihn bei den German Masters am 8. Februar 2015 im Tempodrom, Berlin. © imago/Contrast

Unten: Beim Snooker herrscht eine strenge Kleiderordnung, wer modische Akzente setzen will, muss dezent vorgehen. Hier ein Blick von unten auf Judd Trumps »Igelschuhe«. © imago/GlobalImages

Links: Zukünftige Stars vom europäischen Festland? Die Deutschen Simon Lichtenberg (o.) und Lukas Kleckers (M.) und der Schweizer Alexander Ursenbacher (u.) haben es auf die Main Tour geschafft.
© imago/Imaginechina, imago/Norbert Schmidt, imago/Imaginechina

Oben: Thomas Hein, Sportdirektor der DBU für Snooker und seit Jahren mein geschätzter Co-Kommentator bei der WM, bei der Nachwuchs-Förderung. © imago/Thomas Frey

Oben: Jan Verhaas (hier mit Mark Selby) ist einer der erfahrensten Schiedsrichter auf der Tour und sitzt inzwischen auch als Direktor im Vorstand der WPBSA. © imago/Contrast

Unten: Michaela Tabb hat nicht nur als erste Frau ein WM-Finale geleitet, sondern war auch Vorreiterin für Frauen als Schiedsrichterinnen beim Snooker. Hier prüft sie gerade, ob der Spielball korrekt zurückgelegt wurde.
© imago/Michael Cullen

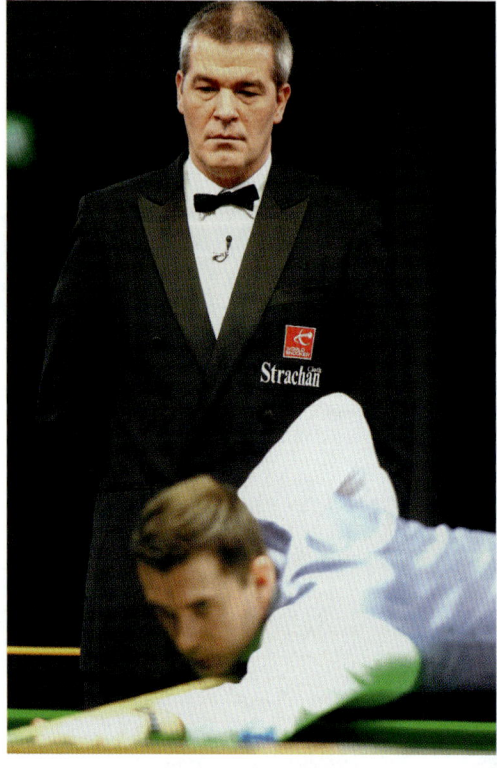

Die Kommentatorenkabine – mein Wohnzimmer, wenn ich bei einem Turnier vor Ort bin. Ein schwarzer Kasten mit Fenster vorne und Tür hinten und viel Technik innen. Die Szene hier stammt aus dem Tempodrom in Berlin. Wegen der schwarzen Farbe der Kabine haben die Fans sie liebevoll »Rolfs Schwarzwaldhäuschen« getauft. © Guido Hermann

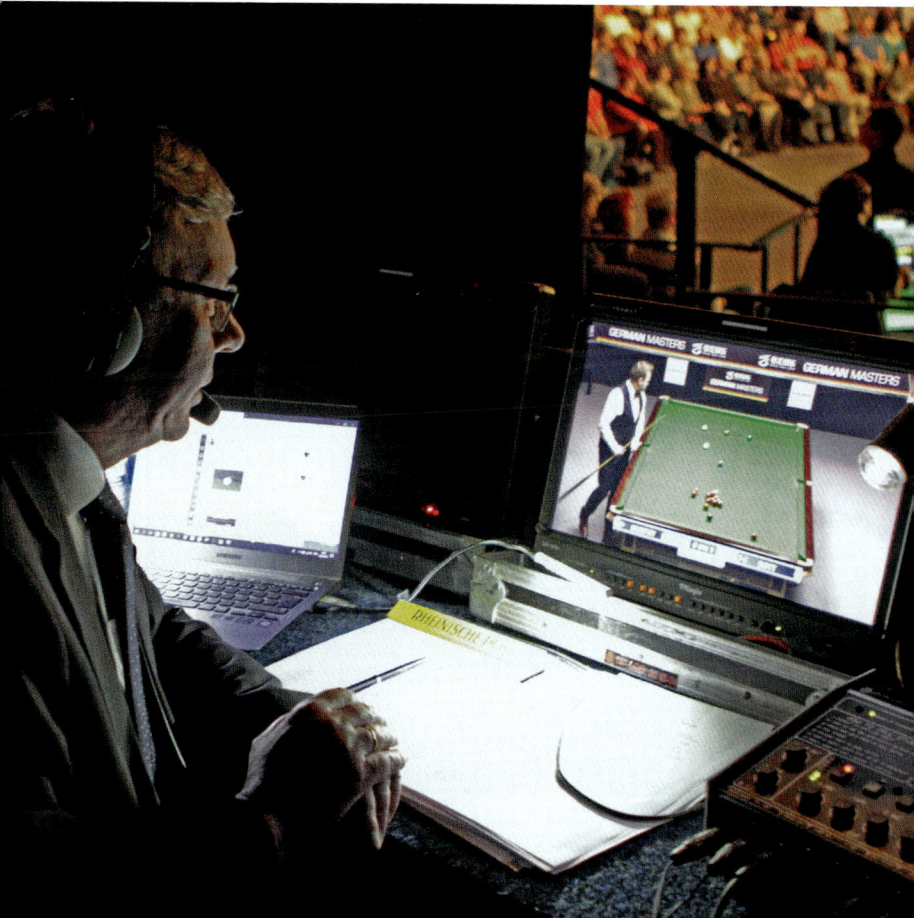

Oben: Neben der Arbeit als Kommentator macht mir auch meine Rolle als Master of Ceremonies riesigen Spaß.
© Guido Hermann

Unten: Das Berliner Tempodrom, deutscher Snooker-Tempel und inzwischen schon so etwas wie mein »zweites Zuhause«. Barry Hearn hat das Tempodrom wegen seiner einzigartigen Atmosphäre das »Woodstock des Snooker« genannt.
© picture-alliance/image BROKER

GENTLEMEN

Snooker wurde zwar von Offizieren erfunden, entwickelte sich anschließend aber zum Arbeitersport. Trotzdem wird von den Spielern das Benehmen eines Gentlemans erwartet. Und diese Erwartung, die sowohl im Regelwerk als auch in den Spielerverträgen verankert ist, wird in der Regel erfüllt. Nur halt nicht immer. So gerieten Quinten Hann und Andy Hicks vor vielen Jahren bei einer WM mal richtig aneinander. Es gab heftige Wortgefechte in der Arena, die damit endeten, dass man sich zu einem Duell im Boxring verabredete. Der Kampf fand tatsächlich statt, nur ließ sich Hicks von Snookerkollege Mark King vertreten, der boxtechnisch wohl etwas mehr draufhatte (Hann gewann trotzdem). Notorische Ausraster leistete sich der 2010 verstorbene Alex Higgins (Weltmeister von 1972 und 1982), der einem Kontrahenten (Dennis Taylor) schon mal androhte, ihn erschießen zu lassen, eine Urinprobe gegen die Wand knallte oder einem Offiziellen eine Kopfnuss verpasste (wofür er mehrere Monate gesperrt wurde). Publikumsliebling war der „Hurricane" aber trotz seines schockierend schlechten Benehmens (oder vielleicht gerade deshalb?).

Heutzutage geht es bei den von World Snooker geahndeten Fehltritten eher selten um ungebührliches Benehmen am Tisch, sondern meist um unliebsame Äußerungen in den Social Media. Besonders der Nordire Mark Allen fiel vor einigen Jahren auf Twitter durch unsportliche Seitenhiebe auf Kontrahenten und Partner von World Snooker auf und wurde deswegen mit saftigen Geldstrafen belegt. Diese Bußgelder streicht World Snooker allerdings nicht für sich ein, sondern führt sie wohltätigen Zwecken zu – im Fall von Mark Allen einer Kinderhospiz-Bewegung, was Spötter schon lästern ließ, dass der nächste neu angebaute Krankenhausflügel sicherlich nach Mark Allen benannt werde. Mittlerweile hagelt es aber nicht mehr so viele Strafgelder, weil die Spieler inzwischen gelernt haben, dass ihr Agieren in den Social Media keine Privatunterhaltung zwischen Kumpels im Club ist, sondern eine öffentliche Tätigkeit, bei der ein entsprechendes Verhalten gefordert ist.

Ein viel ernsteres Thema sind Spielmanipulationen. Manipulationen sind im Sport immer möglich, gerade in Individualsportarten. Snooker ist da keine Insel der Glückseligen und hat mit dem Problem zu kämpfen, seit der Sport professionell ausgeübt wird. Schon über den Pionier und Rekordsieger Joe Davis wird gemunkelt, dass er seine stets unterlegenen Gegner zumindest ein paar Frames gewinnen ließ, um das Spiel attraktiver zu machen und dadurch den Eintrittskartenverkauf anzukurbeln. Meistens geht es jedoch um Wettbetrug, bei dem der Spieler ein Spiel absichtlich verliert. Doch selbst wenn auffällige Wettmuster darauf hinweisen, ist es sehr schwierig, betrügerische Absichten wasserdicht nachzuweisen. Deshalb wurden bisher nur drei Spieler von der WPBSA tatsächlich juristisch verfolgt und mit Sperren belegt. World Snooker wetzt allerdings die Schwerter. Dass Handys kontrolliert und die darüber erfolgten Kommunikationen untersucht werden, ist mittlerweile Standard. Die WPBSA arbeitet eng mit Einrichtungen der Wettindustrie zusammen und ließ ein Frühwarnsystem installieren. Auch die Zusammenarbeit mit staatlichen Behörden ist eng. Sportbetrug ist in Großbritannien ein Straftatbestand, die Behörden verfügen in einem Verdachtsfall also über weitreichende Ermittlungsmöglichkeiten. Außerdem hängt bei jedem Event von World Snooker über jedem Tisch eine Kamera. Sie liefert zwar keine Bewegtbilder, schießt aber alle paar Sekunden ein Foto. Diese Bilder werden archiviert. Gibt es Zweifel, können Fachleute wie Ex-Spieler oder Schiedsrichter anhand der Bilder den Matchverlauf genau rekonstruieren. Ob jemand mit Absicht knapp vorbeigeschossen hat oder einfach nur einen Fehler gemacht hat, wird man anhand der Fotos nicht immer feststellen können. Wenn ein Profi allerdings einen unsinnigen Ball spielt und dadurch dem Gegner eine Chance schenkt, dann ist das sehr leicht zu erkennen.

Der schwerwiegendste Fall in jüngerer Zeit ist der von Stephen Lee, der 2012 für zwölf Jahre gesperrt wurde (was für den damals 38-Jährigen praktisch das Karriereende bedeutete), weil man ihm Wettmanipulationen in sieben Spielen in den Jahren 2008 und 2009 nachweisen konnte. Lee soll bestimmte Spiele absichtlich verloren haben, auffällige Wettmuster führten zur Aufdeckung des Betrugs. Die Untersuchung der Kommunikation und das Nachvollziehen der Geldflüsse lieferten dann Beweise für dieses Urteil, das sich vielleicht hart anhört, doch dass die WPBSA in einem solchen Fall mit äußerster Konsequenz handelt, ist meiner Meinung nach absolut richtig und unbedingt notwendig!

Auch John Higgins erhielt 2010 eine Sperre von sechs Monaten. Hier lag der Fall allerdings anders: Eine britische Boulevardzeitung hatte Higgins und vor allem seinem damaligen Manager Pat Mooney ein fingiertes Angebot zur Wettmanipulation unterbreitet, auf das Higgins nicht einging. Gesperrt wurde er von World Snooker dennoch, weil er den Bestechungsversuch nicht gemeldet hatte – ein Beweis dafür, wie ernst der Verband solche Vorkommnisse nimmt. Im Internet kursiert weiter ein Video, in dem Higgins bei diesem dubiosen Treffen in Kiew scheinbar einem Deal zustimmt. Aber Achtung: Das Video wurde manipuliert und hat deshalb keine Beweiskraft. Es gab ein ausführliches Verfahren gegen Higgins, bei dem auch das originale und ungeschnittene Videomaterial vorlag. Nach der Überprüfung sämtlichen Beweismaterials stellte die Spruchkammer klar fest, dass Higgins weder betrügerisch gehandelt noch Betrugsabsichten hatte. Deshalb forderte die Kammer die WPBSA auf, diese Anklagepunkte fallen zu lassen, was auch geschah. Wenn John Higgins heute dennoch als Betrüger bezeichnet wird, entspricht das also nicht der Wahrheit. Dies ändert allerdings nichts daran, dass er sich damals falsch verhalten und deshalb Sperre und Geldstrafe verdient hat.

Einen ähnlichen Fall hatte es schon einmal fünf Jahre zuvor gegeben, als Journalisten Quinten Hann vorschlugen, ein Match bei den China Open absichtlich zu verlieren. Im Gegensatz zu Higgins stimmte der Australier aber der Manipulation zu. 2006 wurde er dafür bis 2014 gesperrt. Hann allerdings hatte wohl schon mit der Sperre gerechnet und bereits vor dem Urteilsspruch seine Karriere beendet sowie seine Mitgliedschaft in der WPBSA niedergelegt. Die Sperre hatte also zum damaligen Zeitpunkt keine praktische Bedeutung mehr. Sollte er allerdings noch einmal versuchen, auf die Main Tour zu kommen, träte die Sperre automatisch wieder in Kraft. Auch hier kostete es den Delinquenten letztlich die Karriere. Im Mai 2018 wurden Cao Yupeng, Yu Delu und David John ebenfalls wegen angeblicher Matchmanipulationen mit sofortiger Wirkung gesperrt. Die Details und der Ausgang sind nicht bekannt, weil das Verfahren gegen die drei noch läuft.

Ein weiteres Thema, das der Disziplinarkommission der WPBSA viel Arbeit macht, sind Wetten von Snookerspielern. Profis ist es nämlich verboten, auf den Ausgang oder auf Teilaspekte von Matches im Rahmen der World Snooker Tour zu wetten – sogar auf den eigenen Sieg. Snookerwetten sind verboten. Punkt. Eine klare Regelung, die manche Spieler aber wohl doch nicht so klar verstanden haben. Vor der Verschärfung der Regeln war es durchaus üblich, dass Spieler eine Art „Versicherungswette" abschlossen. Beispiel: Ein Spieler hat ein hohes Break erzielt, das gute Chancen hat, das höchste Break des Turniers zu werden; nun schließt er eine Wette darauf ab, dass dieses Break noch übertroffen wird. Passiert das nicht, kassiert er ja das Preisgeld für das höchste Break und kann den verlorenen Wetteinsatz verschmerzen. Wird sein Break doch noch überboten, dann kann er sich zumindest mit dem Wettgewinn trösten. Nach der Verschärfung der Regeln und durch die Zusammenarbeit mit der Wettindustrie gibt es diesbezüglich aber inzwischen ein Frühwarnsystem, das ziemlich gut anschlägt. Die Möglichkeit, jegliche Kommunikation nachzuvollziehen, tut ein Übriges. So wurden durchaus schon prominente Spieler erwischt. Während einige wie zum Beispiel Joe Perry mit einer Geldstrafe davonkamen, weil die Sperre zur Bewährung ausgesetzt wurde, musste Weltmeister Stuart Bingham tatsächlich für drei Monate einer insgesamt sechsmonatigen Sperre pausieren (drei Monate wurden zur Bewährung ausgesetzt). In diesen drei Monaten fand eine Reihe von lukrativen Turnieren statt, der Verstoß gegen das Wettverbot hat ihn also wohl ein schöne Stange Geld gekostet. Ob Dummheit, Unverschämtheit, Spielsucht oder etwas anderes die Spieler dazu bewegt, gegen die eigentlich einfachen und klaren Regeln zu verstoßen, weiß ich natürlich nicht. Aber um Missverständnisse zu vermeiden: Um Manipulationen ging es in diesen Fällen nicht, sondern lediglich um den Verstoß gegen die Wettregeln. Schlimm genug.

FREUND ODER FEIND?

Zum Glück geht es unter den Spielern meist nicht so hitzig zu wie zwischen Quinten Hann und Andy Hicks. Wie schon erwähnt, trainieren viele Profis miteinander und manche Spieler sind sogar eng befreundet, zum Beispiel Mark Williams und Stephen Hendry oder Shaun Murphy und Mark Selby. Es gibt aber auch Spieler, die die Freundschaft zu anderen gar nicht suchen, weil sie sich sagen: „Das ist morgen mein Rivale am Tisch, den will ich dann plattmachen; da ist zu viel Nähe eher schädlich." Stephen Hendry war zum Beispiel der Prototyp des Spielers, der – zumindest in seiner Glanzzeit – zu anderen Spielern eher auf Distanz ging. Auch Steve Davis hielt es in seiner aktiven Zeit so.

Übrigens gibt es auch psychologische Tricks, mit denen Spieler versuchen, den Gegner ein bisschen zu verunsichern. Ein Klassiker: Steve Davis war in seiner Hoch-Zeit in den 80er-Jahren Porschefahrer. Bei einem Turnier war einmal sein nächster Gegner ein etwas weniger erfolgreicher Spieler, der von einem Porsche noch nicht mal träumen konnte und eine alte Klapperkiste fuhr. Dies wollte er aber Steve Davis nicht unbedingt auf die Nase binden, um keinen psychologischen Nachteil zu haben, und versuchte deshalb, seine Schrottkarre in der hintersten Ecke des Parkplatzes abzustellen. Doch Steve bekam das mit und stellte seinen Porsche natürlich genau daneben. Wenn man sich in dem Krieg der Nerven namens Snooker mit solchen Spielchen einen kleinen psychologischen Vorteil verschaffen kann, warum nicht?

Der Umgang von Snookerspielern mit anerkannten Fachjournalisten ist hingegen sehr respektvoll, wie ich immer wieder erfreut feststelle – was im Profisport keine Selbstverständlichkeit ist. Im Rahmen meiner freien Tätigkeit musste ich zum Beispiel einmal für den Deutschen Leichtathletik-Verband eine Pressemappe erstellen und dafür zahlreiche Athleten anrufen: Da gab es unglaublich viele Vorbehalte, man kam mit den Sportlern gar nicht in Kontakt. Im Snooker ist das ganz anders. Man respektiert sich gegenseitig, achtet auch die wechselseitigen Bedürfnisse. So würde ich zum Beispiel niemals einen Spieler vor dem Match ansprechen oder wenn er gerade trainiert, denn das ist schließlich seine Arbeitszeit. Wenn man diese ungeschriebenen Gesetze beachtet, herrscht ein sehr offener, fairer und respektvoller Umgang miteinander – für einen Journalisten ein sehr angenehmes Arbeitsumfeld.

UNTERWEGS MIT SNOOKERSTARS (EXHIBITIONS)

Eine gute Gelegenheit, die Spieler etwas besser kennenzulernen, sind Exhibitions. Bei diesen handelt es sich im Prinzip um reine Showveranstaltungen. Der Druck, unter dem die Spieler bei Turnieren stehen, ist dort nicht vorhanden. Sie versuchen zwar schon, gutes und attraktives Snooker zu bieten, aber in erster Linie geht es darum, das Publikum zu unterhalten. Und so besteht bei diesen Veranstaltungen auch die Möglichkeit, viel Spaß mit den Spielern zu haben. Eine Exhibition kann in einem sehr kleinen Rahmen stattfinden, etwa mit zwei Spielern in einem Clubheim vor 50 Besuchern. Aber es gibt auch große Veranstaltungen mit mehreren Spielern in größeren Hallen vor hunderten oder gar tausenden von Zuschauern.

Viele Spieler sehen sich als Botschafter ihres Sports und absolvieren schon allein deshalb gerne Exhibitions. Aber natürlich geht es für sie auch darum, Geld zu verdienen. Ein paar tausend Pfund kostet ein namhafter Spieler pro Abend schon und einige rufen auch fünfstellige Summen auf. Trotzdem sind solche Exhibitions für die Entwicklung von Snooker in einem Land oder einer Region wichtig, denn für viele Fans bieten sie die Chance, erstmals hautnah, nicht nur via Mattscheibe, mit Snooker in Kontakt zu kommen. Viele Besucher sehen bei diesen Gelegenheiten auch erstmals einen Original-Snookertisch und staunen dann über die Größe. Ich bin fest davon überzeugt: Hätte es zuvor nicht eine Reihe von Exhibitions in Deutschland gegeben, bei denen man das Marktpotenzial von Snooker erkennen konnte, gäbe es heute weder das German Masters noch das Paul Hunter Classic.

Auch mir machen die Exhibitions immer sehr viel Spaß. Natürlich werde ich als Master of Ceremonies auch bezahlt, aber diese Tätigkeit ist für mich mehr als nur ein Job. Zum einen ist das Zusammensein mit den Spielern in meist entspannter Atmosphäre sehr schön. Man redet über Snooker, aber eben auch über Gott, die Welt und das Leben. Das kann sehr interessant sein und hilft mir zudem, die Spieler besser kennenzulernen; diese Eindrücke kann ich im Nachhinein auch in meine Kommentare einfließen lassen. Zum anderen machen mir auch die Moderationen Spaß. Mein Job als Fernsehkommentator ist ja ein eher einsames Geschäft. Und in der Funktion eines Masters of Ceremonies bei Turnieren ist man wiederum recht eingeschränkt. Deshalb genieße ich bei Exhibitions die direkte Interaktion mit dem Livepublikum und den Spielern.

Die großen Exhibitions mit mehreren Topspielern finden in der Regel im Rahmen kleinerer Touren statt, auf denen man an mehreren Tagen hintereinander in wechselnden Städten zu Gast ist. Auf diese Termine weise ich auch immer bei unseren Übertragungen hin. Wer mir also immer schön zuhört, ist bestens informiert. Auch in unserer Twitter-Community kann man diese Informationen finden. Die meisten Großveranstaltungen im deutschsprachigen Raum werden von der Firma Dragonstars Eventmanagement durchgeführt, die auch für das German Masters in Berlin und das Paul Hunter Classic in Fürth verantwortlich zeichnet. Ihre Termine sind auf der Website snookerstars.de im Internet zu finden. Bei den Touren trifft man sich meist am ersten Ort und reist dann gemeinsam durch die Lande. Einmal sind wir auch getourt wie die Rockstars, sprich im Tourbus mit Schlafkojen. Das ging in Berlin los, der zweite Termin war in der Nähe von Koblenz, der dritte dann in München. Abends nach jeder Show sind wir in den Bus gestiegen und die ganze Nacht hindurch zum nächsten Termin gefahren. Es waren nette Abende, aber ich habe kein Auge zugetan. Ronnie O'Sullivan, der damals mit von der Partie war, hat schon gleich in der zweiten Nacht weise auf den Bus verzichtet und lieber die Bahn genommen. Wir haben das mit dem Tourbus danach nie wieder gemacht.

Eine typische und für mich logistisch ziemlich aufwendige Tour mit Dragonstars fand zum Beispiel im Mai 2017 statt. Abgesehen von den Spielern ist dabei in der Regel ein Tross von etwa zwölf Personen unterwegs: Veranstalter, Helfer, Techniker, Besatzung für den Merchandising-Stand (die Materialien dafür müssen auch noch mitgeschleppt werden) und so weiter. Meist sind immer die gleichen Personen dabei, sodass wir mittlerweile eine eingespielte Truppe sind. Jeder packt mit an. Diesmal waren wir mit Mark Selby und Ronnie O'Sullivan unterwegs. Los ging es an einem Donnerstag, einem Feiertag, in Hamburg. Ich bin also am Donnerstag mit dem Auto nach Hamburg gefahren, um am Abend die Veranstaltung zu moderieren. Weiter ging es am Freitag in Hamm in Westfalen. Während der Rest der Truppe mit der Bahn reiste, war ich wieder mit dem Wagen unterwegs. Am Samstagmorgen fuhren wir dann von Hamm aus nach Düsseldorf zum Flughafen – ich mit dem Auto, der Rest mit einem Bus. Von dort flogen wir nach Zürich, wo zwei Kleinbusse auf uns warteten, die uns nach Dornbirn in Österreich bringen sollten, der dritten Station (Ronnie nahm da lieber einen Limousinenservice in Anspruch, den er aber aus eigener Tasche bezahlen musste). Am Sonntagmorgen ging es dann mit Kleinbussen nach München, wo die Abschlussveranstaltung im Circus Krone stattfand. Noch am Abend bin ich wieder nach Düsseldorf zurückgeflogen und von dort mit dem Auto nach Hause gefahren. Um 1:30 Uhr in der Nacht war ich endlich wieder daheim. Urlaub sieht anders aus.

Vor allem mit Shaun Murphy und Mark Selby kann man unterwegs viel Spaß haben. Bei einer Veranstaltung im Circus Krone in München trug ich einmal einen Smoking und dazu eine rote Fliege. Shaun meinte zwischen zwei Frames zu mir: „Bist du wie ein Clown angezogen, weil wir hier im Zirkus sind?" Da hatte er natürlich die Lacher im Publikum auf seiner Seite. Ich antwortete: „Nein, das liegt nur daran, dass ich hier den ‚Jester from Leicester' vorstellen muss", woraufhin ich von einem drohend sein Queue schwingenden Mark Selby um den Tisch gejagt wurde. Wenn man mit Shaun und Mark unterwegs ist und im Hotel ein

Klavier zur Verfügung steht, ergeben sich oft sehr schöne, unterhaltsame Abende, denn Shaun ist ein begnadeter Klavierspieler, er spielt auch klassische Stücke von Mozart oder Beethoven. Unterhaltungsmusik beherrscht er natürlich auch. Das Einzige, was man möglichst verhindern muss, ist, dass Mark Selby dazu singt. Gefürchtet sind auch die Empfänge nach Marks Turniersiegen, weil er dann Karaoke singt. Und das ist schmerzensgeldpflichtig.

Bei diesen Reisen lernt man manchmal auch die Ehepartner der Spieler kennen. Shauns Ehefrau Elaine ist einmal bei einer Exhibition-Tour in Deutschland mitgereist, wo wir jeden Tag in einer anderen Stadt waren und mit einem Kleinbus von einem Ort zum nächsten fuhren. Auf der Autobahn hat man dann viel Zeit, ins Gespräch zu kommen. So konnte ich feststellen, dass Elaine, die damals als Naturwissenschaftlerin an der Universität Nottingham arbeitete, eine sehr geerdete Frau ist, mit der man sich wunderbar unterhalten kann – und die übrigens ihren Shaun bei Bedarf ganz schön in den Senkel stellt.

Im Gegensatz zu Steve Davis, Shaun Murphy oder Mark Selby ist Ronnie O'Sullivan nicht der Typ, der abends mit an der Hotelbar sitzt und noch einen Absacker trinkt. Er lässt sich häufig das Essen aufs Zimmer bringen und zieht sich eher zurück, was ja absolut in Ordnung ist. Extravaganzen sind bei ihm immer wieder mal drin, manchmal schüttelt man da schon den Kopf. Andererseits habe ich auch Verständnis dafür, denn Ronnie ist nun mal der Popstar des Snooker, von dem alle was wollen. Da muss man schon darauf achten, dass man nicht zu sehr vereinnahmt wird, und sich selber ein bisschen schützen. Exhibitions mit Ronnie sind so eine Sache. An manchen Tagen ist er richtig gut drauf und dann gibt es auch Tage, wo man merkt, dass er gerade keine Lust hat. Zuletzt bekam er vom Veranstalter einen persönlichen Betreuer an die Seite gestellt. In letzter Zeit war auch sein Manager Jason Francis (inzwischen Ex-Manager) mit dabei, der ihn bei Laune hielt, dafür sorgte, dass alles so klappte, wie er es gerne hätte, dass er das gewünschte Essen bekam, und der auch mal als Laufbursche herhalten musste. Ronnie ist Gelegenheitsraucher – meist der bekannten holländischen Marke „van Anderen". Irgendwann meinte er: „Mensch, ich rauche so viel von dir, jetzt muss ich dir auch mal eine Packung kaufen." Nett. Nur leider musste dann der arme Manager losziehen, um die Zigaretten für mich zu besorgen. Ein gut gelaunter Ronnie kann aber auch extrem herzlich und aufgeräumt sein. So habe ich einmal erlebt, wie er in Österreich den damals 15-jährigen Florian Nüßle, ein Riesentalent, kennenlernte und so viel Spaß an der Snookerbegeisterung des Jungen hatte, dass er sich stundenlang mit ihm unterhielt und ihm etliche Tipps gab.

Auf diesen Exhibition-Touren geht es morgens meist so gegen neun los – sehr zu meinem Leidwesen, denn mein zweiter Vorname könnte Langschläfer sein. Unschlagbar in dieser Hinsicht ist aber Neil Robertson. Ich war einmal auf einer Tour mit diversen Spielern – Steve Davis und Matthew Stevens waren dabei und auch Neil Robertson –, wo es über mehrere Tage hinweg jeden Morgen zu einem anderen Auftrittsort ging. Und jeden Morgen stellte sich die gleich Frage: „Wo ist Neil?" Alle waren zum vereinbarten Zeitpunkt versammelt, nur Neil Robertson fehlte. Steve Davis hatte dann die Nase voll und heckte folgenden Plan aus: „Wir sagen Neil, dass es morgen schon um acht Uhr losgeht, obwohl wir erst um neun aufbrechen müssen." Wie könnte ich einem sechsmaligen Weltmeister widersprechen? Und auch die anderen zogen mit. Neil wurde also entsprechend (fehl)informiert. Am nächsten Tag um neun Uhr versammelten wir uns alle um den Bus. Und wer fehlte? Neil! Einer ging zur Rezeption und fragte nach. Herr Robertson hatte schon ausgecheckt. Wann? Um acht! Aber wo war Neil? Wir schwärmten alle in der Hotellobby aus und fanden dann hinten links in der allerletzten Ecke eine Gestalt ausgestreckt auf dem Sofa liegen – Neil Robertson, der wieder tief und selig schlief.

Mit Steve Davis, den ich als Spieler und als Mensch bewundere, verbinde ich besonders viele schöne Erinnerungen. Erstmals näher kennengelernt hatte ich ihn 1995, als ich ihn bei den German Open in Frankfurt um ein Hintergrundgespräch bat. Ich hatte eine Heidenangst und gehörigen Respekt vor dieser Legende des Snooker, die sich Zeit für mich nahm, den kleinen und damals ja noch ziemlich unbekannten Snookerjournalisten. Später habe ich oft beobachten dürfen, dass sich Steve immer Zeit für Interviewer und Fans nimmt. Er ist ein unermüdlicher Botschafter des Snookersports, der jedem offen gegenübertritt und sehr viel Humor hat. Wir haben viele Exhibitions zusammen bestritten, er als Spieler, ich als Master of Ceremonies. Da versucht man natürlich, das Publikum zu unterhalten, und dabei haben wir festgestellt, dass wir gut miteinander improvisieren können. Zu Anfang habe ich Scherze noch mit ihm abgesprochen, aber irgendwann brachte ich sie spontan und er hat dann auch spontan auf sie reagiert. Ich erinnere mich besonders an zwei Begebenheiten. Einmal stellte ich ihn vor: die Legende Steve Davis und so weiter und so fort. Er kam herein, Riesenapplaus, Riesenauftritt, und ich begrüßte ihn pro forma am Tisch, obwohl wir uns schon vorher gesehen hatten, aber das gehört eben zum Prozedere dazu. Und dann sagte ich: „Ja, Steve, es ist mir immer eine ganz besondere Freude, dich vorzustellen." Steve lächelte stolz. Ich fuhr fort: „Aus dem einfachen Grund, dass du der einzige Snookerprofi bist, der älter ist als ich." Er hatte seinen Spaß daran, aber später revanchierte er sich natürlich. Ein anderes Mal waren wir im Circus Krone in München. Im Winterbau des Zirkus finden auch richtige Zirkusveranstaltungen statt, da gibt es Stallungen und Ähnliches, was natürlich auch bedeutet: viele Insekten. Wir waren also in diesem wunderbaren Zirkusbau, Steve Davis am Tisch, und da schwirrte eine Fliege ihm ständig vor den Augen und vor der Nase herum. Er schnappte nach der Fliege, tat so, als hätte er sie gefangen, hielt die Hand zur Faust geschlossen. Als er die Hand schließlich öffnete, erschrak er, weil er die Fliege zu seiner eigenen Überraschung tatsächlich gefangen hatte. „Yes, yes, yes", johlte er, „50 Jahre alt und noch so ein Reaktionsvermögen!" Dann spielte er den Frame zu Ende. In der Pause zwischen den Frames versuche ich immer mit dem Publikum zu interagieren, damit keine öde Stille eintritt. Da sagte ich dann: „Also wenn ich jetzt von dem älteren Herren am Tisch spreche, rede ich nicht von mir. Den Namen darf ich nicht nennen, sonst weiß er ja, dass wir über ihn reden." Das gab schon mal den ersten Lacher. „Was meinen Sie: Wenn ich demnächst mal wieder ein Match von ihm kommentiere, ob ich ihn dann als größten Fliegenfänger von München bezeichnen darf?" Das war natürlich ein Riesenlacher. In der nächsten Pause fragte Steve mich: „Rolf, was hast du da erzählt?" Ich antwortete wahrheitsgemäß, woraufhin er sich im zweiten Teil der Veranstaltung ausgiebig über Kommentatoren lustig machte. Da bekam ich dann ordentlich mein Fett weg. Uns beiden hat dieser spontane Schlagabtausch ein Riesenvergnügen bereitet. Und worauf ich besonders stolz bin: Als seine Autobiografie erschien, hat mir Steve ein Exemplar geschenkt, versehen mit einer sehr netten, sehr persönlichen Widmung.

KAPITEL 5

DIE TOP TEN

Top-Ten-Ranglisten sind ein beliebtes Spiel, ich bin aber nicht unbedingt ein Freund von ihnen. Denn ich habe dabei immer das Gefühl, dass Äpfel mit Birnen verglichen werden. Das finde ich ein bisschen unfair. Außerdem werden Ranglisten den vielen anderen Spielern nicht gerecht, die ebenfalls über viele Jahrzehnte den Sport geprägt und zu seinem Erfolg beigetragen haben. Wenn ich nach einem solchen Ranking gefragt werde, dann versuche ich immer, mich herauszuwinden. Insofern führt der Titel dieses Kapitels etwas in die Irre – ich möchte nämlich keine Rangliste erstellen.

Wenn ich trotzdem hier einige Spieler beschreibe, dann deshalb, weil sie meiner Meinung nach eine besondere Rolle für Snooker gespielt haben, die sie unter den anderen hervorhebt. Die Liste erhebt keinen Anspruch auf Vollständigkeit – das würde sicher den Rahmen dieses Buchs sprengen. Und die Reihenfolge, in der ich die Spieler vorstelle, ist teilweise chronologisch, teilweise beliebig, aber auf keinen Fall als Ranking gedacht. Zudem beschränke ich mich auf Spieler, die ich selbst erlebt habe. Der Grund dafür liegt auf der Hand: Ich kenne sie am besten und habe viele persönliche Eindrücke von ihnen gewonnen. Die Großen der Vergangenheit will ich aber natürlich nicht verschweigen. Ohne die Brüder Joe und Fred Davis (übrigens nicht verwandt oder verschwägert mit Steve Davis) gäbe es Snooker so, wie wir es heute kennen, vermutlich nicht. Spieler wie Ray Reardon und John Spencer waren nicht nur brillant, sondern hielten die Fahne auch hoch, als Snooker noch nicht so populär war wie heute. Alex Higgins, dessen Leben so tragisch endete, hat dem Snookersport Scharen von neuen Fans zugeführt. Er war „bad boy" und Volksheld zugleich. Noch heute ist er das Vorbild vieler aktiver Spieler. Auch das war ein Grund für die emotionale Reaktion von Mark King, als er 2016 die Alex Higgins Trophy bei den Northern Ireland Open gewann. Genug der Vorrede. Hier also meine zehn Säulen des Snooker:

STEVE DAVIS

Von Steve war hier ja schon des Öfteren die Rede. Das ist auch richtig und gut so, denn er ist ein Gigant des Snooker und zwar aus mehreren Gründen: weil er so viele Erfolge gefeiert hat, weil er Snooker sportlich auf eine neue Ebene gehoben hat und weil er ein unermüdlicher Botschafter des Snooker ist, der beste, den man sich erträumen kann.

Als schlaksiger, schüchterner, rothaariger Junge stand Steve Davis im Matchroom Club in Romford. Ein Mensch, den eigentlich nichts interessierte, außer Snooker. Niemand konnte damals ahnen, welche Bilanz am Ende seiner Karriere stehen würde: sechs WM-Titel, 28 Triumphe bei Weltranglistenturnieren, 73 Siege bei Major Events, 100 Finals. Möglich war diese atemberaubende Karriere aus zwei Gründen: zum einen, weil er mit Barry Hearn den Manager fand, der dafür sorgte, dass Steve sich mit großer Akribie auf Snooker und nur auf Snooker konzentrieren konnte. Die Unterschrift unter den Vertrag mit Hearn, die Davis an einem Laternenpfahl in Blackpool leistete, war wohl die wichtigste Unterschrift seines Lebens. Zum anderen führte er ein bis dahin unbekanntes Ausmaß an Professionalität bei Snooker ein.

Trainiert wurde Steve während seiner ganzen Karriere von seinem Vater Bill. Dieser war allenfalls ein mittelmäßiger Spieler und keinesfalls ein qualifizierter Coach. Joe Davis' berühmtes Buch *How I Play Snooker* war die Richtschnur von Davis senior und junior, immer und immer wieder gingen sie das Buch sorgfältig durch. Wie meinte Joe das? War auf dem Foto vielleicht noch ein Detail zu erkennen, das ihnen vorher entgangen war? Diese Genauigkeit zeichnete Steve in allem aus. Hinzu kamen die absolute Fokussierung auf Snooker und ein unbändiger Siegeswille. Für Extravaganzen, Partys oder gar Ausschweifungen war da kein Platz. In einer Zeit, in der Snooker für andere Spieler oftmals ein besseres Hobby war, war es für Steve ein ernst zu nehmender Beruf, dem er alles andere unterordnete.

Steve „Interesting" Davis wurde er genannt und dieser Spitzname war durchaus sarkastisch gemeint. Seriensieger sind langweilig und durch die ständige Medienpräsenz (Steve soll in dieser Zeit öfter im britischen TV zu sehen gewesen sein als die damalige Premierministerin Margaret Thatcher) entstand ein Überdruss. Hinzu kam sein beinahe roboterhaftes Pokerface am Tisch, das keine Emotionen zeigte. Aber das war eben Ausdruck seiner absoluten Fokussierung. Außerdem verhielt er sich in allen Belangen immer höchst professionell. Warum also sollte er dem Gegner Hinweise geben, wie es in ihm aussah? Neben spielerischen Aspekten war es vor allem diese Professionalität, die zum Maßstab für folgende Generationen wurde. 1988 wurde Davis als erster und bisher einziger Snookerspieler „Sportler des Jahres" im Vereinigten Königreich.

Wirklich zur Legende machte ihn aber erst seine Rolle als Botschafter des Snooker. Nie wurde er müde, für seinen Sport zu werben. Worum auch immer man ihn bittet: Steve ist als Bannerträger des Snooker sofort dabei. Mit seiner Leidenschaft, seinem Humor und seinen Entertainerqualitäten nimmt er die Menschen für sich ein. Er ist der beste Botschafter, den Snooker jemals gehabt hat und haben könnte.

Auch als die Zeit der Erfolge längst vorbei war, spielte er weiter. So erreichte er noch sein Ziel, mit 50 Jahren in den Top 16 der Weltrangliste zu stehen. Bereits 2011 wurde er in die Snooker Hall of Fame aufgenommen. Seinen Rücktritt erklärte er 2016 während der Weltmeisterschaft. Das englische Publikum, das ihn früher langweilig fand, liebte den humorvollen Mann mittlerweile und bedankte sich in einem sehr emotionalen Moment mit Standing Ovations im Crucible Theatre. Wenige Monate zuvor war sein Vater verstorben, er hatte nun das Gefühl, dass ein Lebensabschnitt abgeschlossen war. „Ich glaube, ich habe zuletzt nur noch für meinen Vater gespielt", sagte er mir einmal.

Die Musik war schon immer eine große Liebe von Steve Davis, der auch an der britischen Version des *Dschungelcamps* teilnahm. Über viele Jahre hinweg moderierte er eine wöchentliche Radiosendung. Mittlerweile ist der einst als dröge verschriene Spieler ein gefragter DJ und legt bei Festivals im ganzen Land auf.

JIMMY WHITE

Jimmy White ist wohl in vielem das genaue Gegenteil von Steve Davis. Ihn als Lebemann zu bezeichnen, ist sicherlich nicht verkehrt. Seine Karriere war oftmals eine Achterbahnfahrt und seine vielen Fans bejubelten das Auf und litten mit ihm beim Ab. Als Publikumsliebling ist der „Whirlwind of Londontown" der legitime Nachfolger von Alex Higgins. Deshalb gehört er auch in dieses Kapitel.

White wurde 1980 Profi und gewann in seiner Karriere insgesamt zehn Titel bei Weltranglistenturnieren; nur der WM-Titel blieb ihm versagt. Sechs Mal stand er im Crucible Theatre im Finale, aber nie hat es geklappt. Auch dieser beinahe tragische Aspekt seiner Karriere hat zum Mythos beigetragen. Er gilt vielen als der beste Spieler, der niemals Weltmeister wurde. Sein Pech war, das er sich in seiner aktiven Zeit mit Giganten wie Steve Davis und Stephen Hendry messen musste. Am nächsten kam er dem Titel wohl 1992, als er gegen Hendry schon mit 14:8 führte. Doch danach gewann er keinen einzigen Frame mehr und verlor letztlich mit 14:18 – da war sie wieder, die White-Achterbahn. Ein typisches White-Match war auch das Finale 1994, wieder gegen Hendry. Es stand 17:17, als White Schwarz verschoss, eigentlich ein Routineball. Hendry räumte ab und war erneut Weltmeister.

Die vielen White-Fans waren mit ihrem Idol oft im siebten Himmel, mussten aber auch oft genug mit ihm leiden. Langweilig war es nie, das schaffte eine enge Bindung. Zum Idol ganzer Spielergenerationen wurde White auch durch seine rasante, mitreißende Spielweise, die ihm den Spitznamen „Wirbelwind" einbrachte. Da hockten die Fans regelmäßig vorne auf der Stuhlkante und bibberten mit. Er blieb aber immer ein Star zum Anfassen, gab allen das Gefühl, ein Mensch wie du und ich zu sein. Ein wahrer „people's hero". Bei all seinem Charisma darf man aber nicht vergessen, dass White schon immer ein brillanter Techniker war. Seine mächtigen Zugbälle diagonal über den Tisch ließen die Experten schwärmen.

Das Queue in die Ecke zu stellen, ist für Jimmy White keine Option; zu sehr liebt er den Sport und auch den Wettkampf. 2017 verlor er seinen Platz auf der Main Tour, erhielt aber aufgrund seiner großen Verdienste umgehend eine Invitational Tour Card. Seine Ambition ist es, sich wieder einen regulären Platz auf der Profitour zu erkämpfen. Auch außerhalb seines Sports steht der fünffache Vater (vier Töchter, ein Sohn) oft im Promi-Rampenlicht seiner Heimat: Er ist ein enger Freund von Rolling Stone Ron Wood und nahm ebenfalls an der britischen Version des *Dschungelcamps* teil.

STEPHEN HENDRY

Mit 36 Triumphen bei Weltranglistenturnieren, darunter sieben WM-Titeln, ist Stephen Hendry heute noch der erfolgreichste Spieler der modernen Ära. Seine Ausnahmestellung verdankt der Schotte aber nicht nur seinen Erfolgen und der Tatsache, dass er Snooker über weite Strecken in den 90er-Jahren dominiert hat (von 1990 bis 1997 führte er ununterbrochen die Weltrangliste an). Vielmehr hat er Snooker geradezu revolutioniert. 1990 wurde Stephen Hendry erstmals Weltmeister und beendete damit die Ära Davis. 21 Jahre, vier Monate und 16 Tage war er damals alt und ist bis heute der jüngste Weltmeister aller Zeiten. Mit seiner Spielweise hat er seinerzeit manche Konkurrenten geradezu schockiert. Bis dahin wurde Snooker in der Regel sicherheitsorientiert gespielt: Man nahm die sicher auf dem Tisch liegenden Punkte mit, spielte dann safe und lauerte auf die nächste Chance. Hendry wischte das mit seinem aggressiven Spiel einfach vom Tisch. Erst mit ihm hielt das strukturierte Breakbuilding Einzug in die Welt des Snooker. Hierfür hat Hendry Vorgehensweisen entwickelt, die heute als Standard gelten. Der lange rote Einsteiger galt vor ihm als viel zu riskant. Heute kann keiner mehr darauf verzichten. Auch der Split der Roten von Blau geht weitestgehend auf Hendry zurück – unverzichtbar, um hohe Breaks zu schaffen. Hohe Breaks sind aber nur dann möglich, wenn man auch sicher auf die Mitteltaschen locht. Das ist notwendig, um den Spielball in Position für den nächsten Ball zu halten. In den Generationen vor Hendry hatten die Spieler noch gehörigen Respekt vor den Mitteltaschen und lochten dort nicht so häufig. Hendry aber entwickelte eine unheimliche Sicherheit beim Spiel auf die Mitteltaschen. Die hohen Breaks waren bei Stephen Hendry kein Selbstzweck. Er begnügte sich nicht damit, die Frames zu gewinnen, sondern wollte vielmehr den Tisch immer abräumen. Es ging ihm darum, den Gegner auf dem Stuhl zu halten, ihn kalt werden zu lassen, ihn zu beeindrucken und ihm Angst einzujagen. Oft genug gelang ihm das auch. Sein Spiel ist heute noch die Basis, auf der die jetzigen Topleute aufbauen. In Sachen Professionalität und Fokussierung stand Hendry also Steve Davis in nichts nach. Ein Partylöwe ist er wahrlich nicht. In der Snookerwelt will mir heute noch kaum jemand glauben, wenn ich erzähle, dass Hendry mir einmal ein paar Drinks spendiert hat.

Seinen siebten und letzten WM-Titel holte Stephen Hendry 1999. Als danach aber sein altes Queue, mit dem er seine ganze Karriere bestritten hatte, irreparabel beschädigt wurde, bekam sein Spiel einen Knacks. Die Zeit der großen Erfolge neigte sich dem Ende entgegen, obwohl sein Name den Gegnern noch immer größten Respekt abverlangte. Stephen Hendry ist anders als Steve Davis oder Jimmy White – ihn motiviert nicht die Liebe zum Snooker, sondern die Lust am Gewinnen von Trophäen. Und Snooker war nun einmal der Sport, in dem das für ihn am besten ging. Als die Siegesträhne endete, wurde es für ihn entsprechend schwerer, die nötige Motivation zu finden. Vor der Saison 2011/12 wollte er es dann noch einmal wissen. Dazu wechselte er extra den Coach. Über weite Strecken seiner Karriere hatte er mit Frank Callan zusammengearbeitet, aber nun ging er zu Chris Henry. Vor der Saison habe ich mich mit ihm einmal darüber unterhalten, welche Turniere er alle spielen wolle. Seine Antwort: „Wenn ich es versuche, dann richtig. Und das heißt, dass ich alles mitspielen muss." Die Zusammenarbeit mit Henry zeitigte durchaus Erfolge; die Leistungen von Hendry wurden etwas stabiler. Bei der WM 2012 spielte er sogar bei seinem 10:4 in der ersten Runde gegen Stuart Bingham ein Maximum Break. Als er dann aber das Viertelfinale gegen Stephen Maguire krachend mit 2:13 verlor, erklärte er seinen Rücktritt. Die vernichtende Niederlage sei aber nicht der eigentliche Grund gewesen, betont er immer; die Entscheidung zum Rücktritt sei schon Monate zuvor gefallen. In der nächsten Saison (2018/19) greift er auf der Senioren-Tour wieder regelmäßig zum Queue, nachdem er in den Jahren zuvor dort nur wenige Gastspiele gegeben hatte.

RONNIE O'SULLIVAN

„Wann spielt Ronnie?" Das ist wohl die am häufigsten gestellte Frage in unserer Online-Community auf Twitter und hat schon zu vielen Insider-Gags geführt. Aber das unterstreicht auch die Ausnahmestellung eines Ronnie O'Sullivan. Er elektrisiert und fasziniert selbst Menschen, die nicht unbedingt passionierte Snookerfans sind. Aber zum Superstar wird man nicht nur deshalb, weil man toll spielt. Da muss noch mehr hinzukommen. Und das ist bei ihm der Fall: eine schillernde Persönlichkeit, die durchaus auch polarisieren kann. Ähnlich wie Jimmy White wandelt Ronnie O'Sullivan oftmals auf einem schmalen Grat: Absturz oder Triumph, beides ist möglich.

Profi wurde Ronnie O'Sullivan 1992 – er gehört damit zum selben goldenen Jahrgang wie John Higgins und Mark Williams. Schon vorher war klar, dass Ronnie ein Supertalent war, von dem man einiges erwarten konnte. Ich lernte ihn 1991 beim World Masters in Birmingham kennen, wo er im Juniorenwettbewerb mitspielte. Schon damals hatte er eine besondere Aura, hatte sein Spiel eine Leichtigkeit, eine Selbstverständlichkeit, die man nicht oft erlebt. Und auf der Main Tour bestätigte er die hohen Erwartungen auch sofort. Bei den Qualifikationen, die damals als Block gespielt wurden, gewann er seine ersten 38 Matches – eine unglaubliche Leistung. Sein Spitzname „The Rocket" beschreibt nicht nur seinen Spielstil, sondern bezieht sich auch auf seinen unfassbar schnellen Aufstieg in der Weltrangliste. Schon in seiner zweiten Saison schaffte er den Sprung in die Top 16. Ende 1993 gewann er mit der UK Championship auch sein erstes Ranglistenturnier – wenige Tage vor seinem 18. Geburtstag. Damit ist er bis heute der jüngste Turniersieger aller Zeiten.

Allerdings stand Ronnies Start ins Profileben unter keinem guten Stern. Als er 16 Jahre alt war, wurde sein Vater Ronnie senior wegen Mordes zu lebenslanger Haft verurteilt; erst 2010 konnte er das Gefängnis verlassen. Mitte der 90er-Jahre saß auch seine Mutter für mehrere Monate wegen eines Steuerdelikts im Gefängnis. Daran kann ein junger Mensch sehr leicht zerbrechen. Die persönlichen Probleme, mit denen Ronnie oft zu kämpfen hatte, sind ausgiebig dokumentiert. Dämonen, die ihn verfolgten, Depressionen, Angstzustände führten auch zu Abstürzen. Alkohol, Drogen – er hat so ziemlich alles probiert, um mit seinen Ängsten fertigzuwerden. So wurde er 1998 nach seinem Sieg beim Irish Masters nachträglich disqualifiziert, weil bei der Dopingprobe der Konsum von Cannabis nachgewiesen wurde. Unvergessen auch sein Viertelfinale bei der UK Championship 2006 gegen Stephen Hendry, als er beim Stand von 1:4 dem verdutzten Hendry und dem nicht minder verdutzten Schiedsrichter Jan Verhaas die Hand schüttelte und das Match (es ging bis neun) aufgab. Erst seit Beginn seiner Zusammenarbeit vor einigen Jahren mit dem renommierten britischen Sportpsychologen Dr. Steve Peters hat sein Leben mehr Stabilität gefunden. Auch das Laufen hat ihm geholfen; seine Bestzeit über 10 000 m liegt bei etwas mehr als 35 Minuten, eine fantastische Zeit.

Natürlich eckt Ronnie O'Sullivan mit seinem Verhalten und seinen Äußerungen immer wieder an. Aber er ist nun einmal kein glatt geschliffenes Medienprodukt, wie man es heute vielen Sportlern vorwirft. Er mag im Umgang nicht immer einfach sein, aber er ist authentisch. Und auch seine öffentlichen Äußerungen, die nicht von allen goutiert werden, sind immer ehrlich. Er sagt, was er in diesem Moment denkt – darauf kann man sich verlassen. Ich hatte übrigens die Ehre, das Vorwort zur deutschen Ausgabe von Ronnies zweiter Autobiografie zu verfassen. Der deutsche Verlag wollte damals dem Band unbedingt ein Vorwort hinzufügen. Ronnie war einverstanden, bestand aber darauf, dass ich es schreibe – ein Wunsch, dem ich sehr gerne nachgekommen bin.

O'Sullivans sportliche Qualitäten sind über jeden Zweifel erhaben. Immer wieder wird diskutiert, ob er der größte Spieler aller Zeiten sei. Ich finde solche Diskussionen müßig. Aber das größte Talent ist er allemal. Und wenn alles passt, dann hat sein Spiel etwas Rauschhaftes. 14 Maximum Breaks und 948 Centuries konnte er im Laufe seiner Karriere bis zum Ende der Saison 2017/18 für sich verbuchen. Damit hat er die vorherigen Rekorde von Stephen Hendry förmlich pulverisiert. Dass er die Traummarke von 1000 Centuries knacken wird, ist für mich nur eine Frage der Zeit. 33 Weltranglistenturniere hat er bisher gewonnen, drei weniger als Stephen Hendry. Auch da glaube ich, dass er dem Schotten den Rekord abnehmen kann. Die Langlebigkeit seiner Karriere ist ja eine weitere herausragende Leistung von ihm. Die sieben WM-Titel von Hendry zu knacken, wird allerdings schwer, aber unmöglich ist es nicht. Bei Ronnie wird Können wahrlich zur Kunst, wie er bei der WM 1997 zeigte, als er in nur fünf Minuten und 20 Sekunden das schnellste Maximum Break aller Zeiten spielte. Alan McManus hat einmal gesagt: „Ronnie zuzusehen ist, als würde man dem lieben Gott bei der Arbeit zuschauen. Nur dass es bei Ronnie nicht wie Arbeit aussieht." Treffender kann man das Spiel von Ronnie O'Sullivan nicht beschreiben.

JOHN HIGGINS

Wenn Ronnie O'Sullivan jemandem bescheinigt, der „kompletteste Spieler der Welt" zu sein, dann will das schon etwas heißen. Ob messerscharfe Safeties, brillantes taktisches Spiel oder faszinierendes Breakbuilding – John Higgins beherrscht alles, was Snooker ausmacht, meisterlich. Hinzu kommt seine Nervenstärke. Die zu Beginn dieses Buches geschilderte 65er-Clearance zum 16:17 im WM-Finale 2018 illustriert all diese Stärken perfekt. Sein Breakbuilding ist zudem extrem elegant: Selten ist er zu einem harten Split mit Tempo gezwungen (obwohl er natürlich auch den im Repertoire hat); meist gelingt es ihm, sich die Roten mit kleinen, feinen, wohldosierten Kontakten aus dem Pulk zu holen. So behält er die Kontrolle über den Tisch und sorgt außerdem dafür, dass er freie Laufwege hat.

Auch John Higgins wurde 1992 Profi. Ähnlich wie bei O'Sullivan ist also schon allein die Langlebigkeit seiner Karriere bemerkenswert. Auch er hatte sich bereits als Junior einen Namen gemacht und bestätigte die hohen Erwartungen als Profi relativ schnell. Bereits 1994 gewann er mit dem Grand Prix sein erstes Ranglistenturnier. In dieser Saison schaffte er auch den Sprung in die Top 16 der Weltrangliste. Nur drei

Jahre später war er sogar die Nummer eins, nachdem er 1998 seinen ersten von bisher vier WM-Titeln geholt hatte – damals im Finale gegen Titelverteidiger Ken Doherty. Mittlerweile hat er 29 Weltranglisten-Turniersiege auf dem Buckel und ist damit die Nummer drei hinter Stephen Hendry und Ronnie O'Sullivan. Er gehört damit zu den erfolgreichsten Spielern der Snookergeschichte.

Lange Zeit galt John Higgins als Vorzeigeprofi. Seine Karriere verlief skandalfrei. Dann kam es zu der vermeintlichen Korruptionsaffäre 2010, über die ich ja schon ausführlich berichtet habe. Da bekam sein Image deutliche Kratzer ab, die in den Augen einiger noch immer sichtbar sind. Sein Comeback nach verbüßter Sperre gab er übrigens in Deutschland: bei einem PTC-Turnier im November 2010 in Hamm in Westfalen, das er prompt gewann. Im Finale schlug er Shaun Murphy. Am Rande dieses Turniers kam es hinter verschlossenen Türen auch zu einer Aussprache zwischen den anderen Profis und John Higgins. Ob er wirklich jeden überzeugen konnte, weiß ich nicht. Aber nach dem, was mir aus Spielerkreisen zu Ohren gekommen ist, hat ihm die große Mehrzahl der Kollegen geglaubt. Er war sozusagen in die Snookerfamilie zurückgekehrt. Dass er dann am Ende dieser Saison 2011 nach einem solchen Druck seinen vierten WM-Titel holte, ist wohl der größte Sieg seiner Karriere.

In den folgenden Jahren rutschte er allerdings in ein spielerisches Tief und fiel gar aus den Top Ten der Weltrangliste heraus. Ausbleibender Erfolg hatte ihn verunsichert und er zweifelte zunehmend an seiner Technik. Dass er dann noch anfing, wie wild ein Queue nach dem anderen auszuprobieren, trug nicht dazu bei, die notwendige innere Sicherheit wiederzufinden. Aber er hat die Kurve gekriegt. Das zeichnet eben ganz große Champions aus: In ein Loch fallen kann jeder mal, aber die Großen finden wieder aus ihm heraus. Und wer wie Higgins in der Saison 2017/18 zwei Rankingturniere gewinnt und zuletzt zweimal in Folge im WM-Finale steht, ist nach wie vor eine Macht im Snooker.

MARK WILLIAMS

Der Waliser ist der Dritte aus der berühmten Klasse von 1992 und auch er sollte einer der ganz Großen des Snooker werden. Mit 21 Weltranglistenturnieren, darunter drei WM-Titeln, hat er nicht ganz so viele Trophäen gewonnen wie seine beiden Klassenkameraden Higgins und O'Sullivan. Er selber hat zugegeben, dass er eventuell mehr Titel hätte holen können oder gar müssen. Mark Williams ist ein relativ entspannter Typ. Das macht ihn auf der einen Seite sympathisch, führte aber vielleicht manchmal dazu, dass der letzte Biss fehlte.

Williams stammt aus dem Örtchen Cwm, das in einer Bergbauregion in Wales liegt. Das Leben dort ist in der Regel hart. Als Jugendlicher war er ein durchaus vielversprechender Nachwuchsboxer, hat sich dann aber doch für Snooker entschieden – sowohl für ihn als auch für Snooker ein Glücksfall. Seinen Spitznamen „The Welsh Potting Machine" hat er aufgrund seines überragenden Lochspieles verpasst bekommen. Manchmal zwingt ihn allerdings sein nicht perfektes Stellungsspiel dazu, spektakulär zu lochen. Seine vielleicht beste Phase hatte er zu Beginn des Millenniums, als er bei Weltranglistenturnieren über mehrere Jahre hinweg ohne Erstrunden-Niederlage blieb. 2003 beendete er die Saison mit seinem zweiten WM-Titel und gewann mit dem LG Cup auch sofort das erste Turnier der neuen Saison. In dieser Phase war er zweifelsohne der besten Snookerspieler der Welt.

Anschließend hielt sich Mark Williams noch lange in der Weltspitze und wurde 2012 gemeinsam mit Higgins und O'Sullivan in die Snooker Hall of Fame aufgenommen. Aber es setzte ein langsamer Abstieg ein, der sich zuletzt immer mehr beschleunigte und im Frühsommer 2017 in einer großen Krise gipfelte, in der er ernsthaft erwog, seine Karriere zu beenden. Wie tief der Frust saß, verriet er in einem Interview mit World Snooker im Sommer 2018. Damals wollte er nicht nur mit dem Snooker Schluss machen, sondern alles hinwerfen: Haus und Hof verkaufen, zusammenpacken und irgendwo anders ganz neu beginnen. Da stellte sich aber Ehefrau Jo quer und machte ihm klar, dass das nicht infrage käme, solange die drei Söhne zur Schule gingen. Was folgte, war die Neuorientierung und der sagenhafte Wiederaufstieg des Mark Williams. Dass er nach dem WM-Triumph 2018 quasi eine wochenlange Party gefeiert hat, wie er die Fans via Twitter immer wieder wissen ließ, hat ihm wohl jeder gegönnt.

Mark Williams ist ein großer Freund von Tattoos (wie man auf der WM-PK sehen konnte). Auch auf den Beinen hat er große Bilder. Auf einem Bein ist ein Tasmanischer Teufel zu sehen, auf dem anderen ein walisischer Drache, der eine englische Flagge verspeist. Vielleicht haben diese mythischen Figuren plus ein ordentlicher Schuss walisischen Stolzes ihm ja – neben Talent und Willensstärke – auch ein bisschen bei seinem Comeback geholfen.

PAUL HUNTER

Der Tod von Paul Hunter am 9. Oktober 2006 im Alter von nur 27 Jahren hat eine Lücke gerissen, die sich niemals schließen wird. Jeder, der das Privileg hatte, ihn kennenzulernen, wird ihn auf ewig im Herzen behalten. Kurz nach seinem Tod strahlten wir bei Eurosport eine Sonderausgabe unserer damaligen Serie *Hall of Frame* aus, die wir ganz der Karriere von Paul widmeten. Für mich war das die schwerste Sendung, die ich jemals gemacht habe. Am Ende ist mir die Stimme gebrochen, ich konnte die Tränen nicht mehr zurückhalten. Dafür schäme ich mich nicht.

Sportlich ragen bei Paul Hunter natürlich seine drei Masters-Triumphe 2001, 2002 und 2004 heraus. Bei allen drei Gelegenheiten lag er im Finale schon klar zurück, schaffte aber jeweils die Wende. Alle drei Endspiele waren epische Snookerdramen. Legendär ist der berühmte „Plan B" beim Masters-Finale 2001. Nach seinem Sieg wurde Paul gefragt, was er denn in der Pause zwischen den beiden Sessions gemacht habe, um das Match noch drehen zu können. Er verriet grinsend, er habe zu Plan B gegriffen. Und erklärte dann, Plan B bedeute, er habe mit seiner späteren Frau Lindsey das gemacht, was ein junges Paar eben so macht, wenn es auf einem Hotelzimmer mit einem einladenden großen Bett ein paar Stunden totschlagen muss. (Allerdings hatte er sich zuvor sowohl von Lindsey als auch von deren Eltern das Okay abgeholt, dieses pikante Detail zu verraten.)

Die Bedeutung von Paul Hunter ging aber weit über sportliche Belange hinaus. Der Spitzname „Beckham of the Baize" (Beckham des Snookertuchs) kommt nicht von ungefähr. Paul war jung, attraktiv, strahlte immerzu – ein wahrer Mädchenschwarm. Plötzlich war Snooker nicht mehr verstaubt und grau, Paul machte es sexy und cool. Aber eine solch besondere Wirkung erzielte er nicht nur durch sein Aussehen. Wenn Paul einen Raum betrat, dann ging die Sonne auf. Sein Strahlen war keine Maske, sondern kam von innen heraus, war authentisch. Er war immer positiv und diese positive Ausstrahlung übertrug sich auf die Menschen um ihn herum.

Für seine Fans hatte er immer Zeit. Legendär die Szene bei den German Open in Fürth (das später ihm zu Ehren in Paul Hunter Classic umbenannt wurde), als er den Zeitplan komplett über den Haufen warf, weil er den Tisch nicht verließ, bevor nicht auch der letzte Fan sein Autogramm bekommen hatte. Bei solchen Begegnungen kam ihm eine besondere Gabe zugute, die nur sehr wenige Menschen haben (und die auch Nelson Mandela und Barack Obama nachgesagt wird): Auch bei so kurzen Begegnungen gab er seinem Gegenüber immer das Gefühl, seine volle Aufmerksamkeit zu haben.

Im Frühjahr 2005 wurde bei ihm Krebs im Dünndarm diagnostiziert, eine Krebsart, die sehr langsam wächst und dadurch oft lange unentdeckt bleibt. Das macht sie so tückisch. Paul unterzog sich einer Chemotherapie, die jedoch leider erfolglos blieb, wie sich später erweisen sollte. Ein Comeback versuchte er im Spätsommer bei den German Open in Fürth. Ich habe ihn damals vom Flughafen abgeholt und erinnere mich noch genau, wie die Tür sich öffnete und Paul heraustrat: Die Haare waren weg, aber das Strahlen war noch da und auch seinen Optimismus hatte er nicht verloren. Unvergessen dann, wie ich in der Grünen Halle seinen ersten Auftritt ansagte. Noch heute bekomme ich eine Gänsehaut. Das Publikum feierte ihn enthusiastisch und mit viel Liebe mit nicht enden wollenden Standing Ovations. Auch Paul war sehr gerührt und fiel mir mit einem Lächeln, aber auch Tränen in den Augen, um den Hals. Es folgten weitere Chemotherapie-Behandlungen, die aber alle ebenso erfolglos blieben. 2006 änderte die WPBSA extra ihre Satzung, sodass es nun möglich war, im Falle einer schweren Erkrankung die Weltranglistenposition eines Spielers für ein Jahr einzufrieren – sozusagen eine „Lex Paul Hunter". Ali Carter profitierte später davon. Paul war das nicht mehr vergönnt. Beim Kampf gegen den Krebs gelang ihm kein Comeback.

Dass die German Open später (mit Einwilligung seiner Familie) in Paul Hunter Classic umbenannt wurden, war eine passende und angemessene Würdigung. Ohne Paul wäre dieses Turnier wohl eine Eintagsfliege geblieben. Paul hätte das sicherlich gefallen: ein Event, bei dem Menschen zusammenkommen, die Snooker lieben, Spieler und Fans. Ein Familientreffen des Snooker. Die gesamte Snookerwelt hat Paul viel zu verdanken. Ganz besonders gilt das für Snooker-Deutschland. Paul war maßgeblich daran beteiligt, Snooker hierzulande populär zu machen. 2017 wurde dann die Masters-Trophäe in Paul Hunter Trophy umbenannt. Barry Hearn hat zu Recht bei dieser Gelegenheit angemerkt, dass diese Ehrung seit Langem überfällig sei.

DING JUNHUI

Als Ding Junhui im Mai 2018 bei den World Snooker Awards in die Snooker Hall of Fame aufgenommen wurde, ging im

Ballsaal des Hotels Dorchester in London so manche Augenbraue nach oben. Tatsächlich hatte er da gerade eine für seine Verhältnisse eher durchschnittliche Saison hinter sich. Aber darum ging es bei der Ehrung gar nicht. Gewürdigt wurde vielmehr, dass er den Snookerboom in China initiiert und die Volksrepublik eigenhändig in eine förmlich snookerverrückte Nation verwandelt hatte. Jeder, der sich in China gut auskennt, bestätigt: Ding gehört zu den fünf populärsten Sportlern in China. Ein Snookerspieler! Unfassbar. Es gab sogar eine Cartoonserie mit Ding als Hauptfigur im chinesischen Fernsehen: *Dragon Snooker*.

Dings Stern ging auf, als er 2005 die China Open gewann. Über 100 Millionen Zuschauer verfolgten im chinesischen Fernsehen sein 9:5 im Finale gegen Stephen Hendry. Im Endspiel wie auch schon in den Runden zuvor (im Halbfinale hatte er Ken Doherty mit 6:0 abgefertigt) beeindruckte mich damals seine taktische Reife. Schließlich war er während des Turniers erst 18 Jahre alt geworden. Ding spielte damals zwar schon auf der Main Tour, hatte aber an diesen China Open mit einer Wildcard teilgenommen. Die Veranstalter wollten ihn unbedingt vor Ort dabeihaben und verhindern, dass er vorher in der Qualifikation scheitern könnte. Als Wildcard-Spieler bekam er aber, dem damaligen Reglement entsprechend, kein Preisgeld. Ein Sponsor sprang dann ein und blätterte 30 000 Pfund auf den Tisch.

Einen Tiefpunkt erlebte Ding Junhui, als er im Masters-Finale 2007 gegen Ronnie O'Sullivan mit 3:10 unterging. Dabei hatte er erst wenige Tage zuvor sein erstes offizielles Maximum Break gespielt. Im Endspiel lief bei ihm aber nichts mehr zusammen. Hinzu kam, dass der notorisch raue Ton des Londoner Publikums ihn zusätzlich verunsicherte. O'Sullivan selber versuchte immer wieder, das Publikum zur Ordnung zu rufen. Ding hockte wie ein Häufchen Elend auf seinem Sessel, irgendwann glitzerten auch Tränen in seinen Augen. Nach dem zwölften Frame wollte er schon aus der Arena stürmen; O'Sullivan verhinderte das im letzten Moment. Nachher meinte Ding, er habe geglaubt, es gehe nur bis neun. Ob er sich wirklich irrte oder einfach die Nase voll hatte, muss offenbleiben. Auf jeden Fall dauerte es lange, bis er sich von dieser Niederlage erholte hatte. Erst beim Grand Prix 2009 errang er seinen nächsten Titel. 2011 gewann er dann auch das Masters. Seine erfolgreichste Saison hatte er 2013/14, als er fünf Titel anhäufte und damit einen Uralt-Rekord von Stephen Hendry einstellte.

Viele Zuschauer haben vor allem den jüngeren Ding Junhui als seelenlosen Snooker-Roboter verunglimpft, der keine Emotionen zeige. Ich fand das immer extrem unfair. Ding hat als 16-Jähriger seine Heimat, seine Familie, seine Freunde verlassen, um ins Snooker-Mutterland England zu ziehen – ein riesiger Kulturschock. Hinzu kamen natürlich auch Sprachprobleme. Da braucht man sich über Heimweh nicht zu wundern. Seine Mama flog denn auch mehrmals nach England, um dem Jungen mal was Vernünftiges zu kochen und die Sehnsucht nach seiner Heimat China etwas zu lindern. Ein 16-Jähriger ist noch keine gefestigte, ausgereifte Persönlichkeit, da kann man nicht erwarten, dass er in einer solchen Situation den Sonnyboy gibt! Mittlerweile zeigt er ja auch deutlich mehr von seiner Persönlichkeit und hält seine Emotionen nicht zurück. Eigentlich ist er nämlich jemand, der den Schalk im Nacken hat. Einmal wollte er unbedingt ein Champions-League-Spiel des FC Liverpool gegen Inter Mailand besuchen. Das Problem: Es gab keine Tickets mehr. Aber Ding wusste, dass einige aus dem Liverpool-Team Snookerfans waren. Also setzte er sich mit dem Verein in Verbindung und schlug einen Deal vor: Snookertraining für die Fußballer gegen ein Ticket fürs Match. Das Spiel genoss er dann in einer VIP-Lounge.

MARK SELBY

Welche Bedeutung Mark Selby tatsächlich für Snooker hat, muss die Zukunft erweisen. Aber ein dreimaliger Weltmeister hat hier auf alle Fälle seinen Platz. Seine Saison 2017/18 war für seine Verhältnisse zwar eher durchwachsen, aber das Maß an Konstanz, das er zuvor gezeigt hatte, hebt ihn aus der Masse heraus. Damit, das haben auch andere Spieler wie Shaun Murphy immer wieder betont, hat er Maßstäbe gesetzt. Und er ist der Beweis dafür, dass sich Arbeit lohnt. Bei Selby gilt nämlich im Hinblick auf die Arbeitsmoral: hart, härter, noch härter.

Spielerisch überzeugt er vor allem durch seine Vielseitigkeit. 518 Centuries hat er bis zum Ende der Saison 2017/18 gespielt, nur fünf Spieler haben mehr. Das zeigt also, dass er sehr wohl in der Lage ist, mit brillantem Offensivspiel einen Gegner zu überrollen. Klappt das mal nicht, dann kann er das Spiel auch kompliziert machen und dadurch verschleppen. Nicht allen schmeckt das, aber Selby kann sich durch solche Kampf-Frames richtig durchbeißen. Ihn deshalb als „Langweiler" zu beschimpfen, wie öfters zu hören, halte ich für ungerecht und absolut nicht zutreffend.

Bei diesen umkämpften Frames kommt ihm auch seine Erfahrung im English Eight Ball Pool zugute, wo er 2006 sogar Weltmeister war. Das hat nichts mit dem 8-Ball zu tun, wie wir es im deutschsprachigen Raum kennen. English Pool wird auf Tischen gespielt, bei denen die Taschenenläufe genauso wie auf einem Snookertisch geschnitten sind. Aber der Pooltisch ist deutlich kleiner: Wenn da 15 Objektbälle plus Spielball auf dem Tisch liegen, wird es ziemlich eng. Selby hat sich dadurch sehr viel Wissen über die Laufwege der Bälle angeeignet. Das hilft ihm auch beim Snooker. Wohl kaum jemand kommt mit verstellten Bildern so gut zurecht wie er. Er spielt übrigens noch immer English Pool, aber jetzt nur noch mit seinen Freunden als Hobby.

„Jester from Leicester" (Spaßvogel von Leicester) wird Mark Selby gerne genannt. Aber zum Lachen hatte er in seiner Jugend nur wenig. Seine Mutter verließ die Familie, als Mark acht Jahre alt war, sein Vater musste sich alleine um die Kinder kümmern. Die Familie lebte in einer armseligen Sozialwohnung, Geld war keines da. Hätte Malcolm Thorne (der Bruder von Snookerprofi Willie Thorne) ihm kein kostenloses Training ermöglicht, dann gäbe es heute den Snookerspieler Mark Selby vielleicht gar nicht. Als er 16 Jahre alt und gerade Profi wurde, starb sein Vater an Krebs. Noch auf dem Sterbebett gab Mark seinem Vater das Versprechen, eines Tages Weltmeister zu werden. Das Versprechen hat er gehalten. Nach dem Tod des Vaters hatte er plötzlich kein Dach mehr über dem Kopf und musste sich bei Bekannten einen Platz zum Schlafen suchen. Dass er daran nicht zerbrach, beweist, aus welchem Holz Mark Selby geschnitzt ist.

Seine schwere Jugend belastet Selby auch heute noch, Verlust- und Versagensängste begleiten ihn. Nur nicht wieder in ein solches Elend zurückfallen, das ist der Gedanke, der ihn antreibt und härter arbeiten lässt als andere. Aber die Zweifel bleiben. Deshalb ist bei ihm das Glas immer halb leer und selten halb voll. Seine Frau Vikki, eine frühere irische Pool-Nationalspielerin, weiß zum Glück genau, wie ein Billardspieler tickt, und ist sein Fels in der Brandung.

SHAUN MURPHY

Shaun Murphy habe ich nicht in erster Linie wegen seiner sportlichen Erfolge hier aufgenommen, sondern vor allem wegen seines Verhaltens abseits des Tisches. Der passionierte Klavierspieler ist jemand, der immer auch über den Bandenrand des Snookertisches hinausblickt und sich stets als Botschafter des Snooker versteht. Obwohl auch seine sportliche Bilanz eindrucksvoll ist. Sein WM-Triumph 2005 ist ein wahres Märchen.

Bis dahin hatte er noch kein einziges Match im Crucible Theatre gewonnen. Er stand in der Weltrangliste auf Platz 48 und war entschlossen, mit dem Snooker Schluss zu machen, hatte sogar schon einen Job als Autoverkäufer angenommen. Die WM-Qualifikation spielte er nur mit, weil das Startgeld schon bezahlt war. Und dann setzte er sich nicht nur in der Qualifikation durch, sondern stürmte mit furchtlosem Spiel zum überraschenden Titelgewinn. Damit war er nach Terry Griffiths 1979 erst der zweite Qualifikant, der Weltmeister wurde. „Ich habe damals ohne Angst gespielt, als gäbe es kein

Morgen", gab er später zu Protokoll. „Heute habe ich ein paar Narben mehr, da ist man erfahrener und sieht eher die Risiken." Trotzdem ist auch heute noch das aggressive Spiel sein Markenzeichen, vor allem die brutalen langen Einsteiger. Das ist natürlich nicht ohne Risiko. Ich habe ihn einmal darauf angesprochen. „Klar geht das auch immer wieder schief und dann bekomme ich ganz schnell ein Problem", so seine Antwort: „Aber viel öfter geht es gut und dann habe ich meine Chance. In der Summe ist es also von Vorteil für mich."

Der Snooker-Botschafter Murphy nimmt sich immer Zeit für die Fans. Für ihn gehört das ganz selbstverständlich zu den Aufgaben eines Profis. Das gilt für Kontakte bei Turnieren vor Ort, aber auch im Internet. Kein anderer Profi interagiert auf den sozialen Medien so intensiv mit den Fans wie Shaun. Darüber hinaus engagiert er sich auch karitativ, unterstützte zum Beispiel lange die Wohltätigkeitsorganisation des Royal Manchester Children's Hospital. Er hat nicht nur Werbung für die Organisation gemacht, sondern für jedes Century, das er spielte, auch 100 Pfund aus eigener Tasche gespendet.

Auch für Snooker engagiert er sich. Lange hat ihn das Problem der leidigen Kicks umgetrieben und er unterbreitete viele Vorschläge, wie es reduziert werden könnte (zum Beispiel durch den Einsatz von Ballpoliergeräten oder einen neuen Satz Bälle für jedes Match). Zwar fand er damit nicht allzu viel Gehör, aber er blieb unermüdlich. Mittlerweile ist er auch als „Player Director" Mitglied im Vorstand der WPBSA. Bei seiner Wahl im Dezember 2017 erhielt er 94 Prozent Zustimmung. Außerdem ist er Vorsitzender der Spielerkommission. In beiden Funktionen geht es ihm darum, die Ansichten und Anliegen der Spieler in die Vorstandsarbeit der WPBSA einzubringen und damit auch in die Entscheidungen einfließen zu lassen. Aber Shaun und seine Frau Elaine sind auch jenseits des Sports vielseitig interessiert; die beiden wissen, dass die Welt nicht nur aus einem Snookertisch besteht. Deshalb ist es für mich immer ein großes Vergnügen, mich mit den beiden zu unterhalten – eben nicht nur über Snooker.

Man kann natürlich lang und breit darüber diskutieren, ob nicht auch andere Spieler in diese Auswahl gehört hätten. Ich denke da zum Beispiel an Ken Doherty, der ganz Irland in einen Freudentaumel stürzte, als er 1997 Weltmeister wurde. 250 000 begeisterte Menschen empfingen den „Darling of Dublin" bei seiner Rückkehr auf den Straßen der irischen Hauptstadt. „Ich habe halt eine große Familie", wiegelt er an dieser Stelle immer augenzwinkernd ab. Oder auch an Neil Robertson. Australien hat ja durchaus eine große Snookervergangenheit. Aber dann war die Sportart in Down Under vom Radar verschwunden. Erst „Robbos" Sieg bei der Weltmeisterschaft 2010 hat dazu geführt, dass Snooker auch in der sportverrückten australischen Öffentlichkeit wieder wahrgenommen wird. Aber irgendwo muss man eine Linie ziehen.

KAPITEL 6

VON SCHIEDSRICHTERN UND ANDEREN SNOOKERPROFIS

Zu den Schiedsrichtern des Snooker bekomme ich immer besonders viele Fragen gestellt – offensichtlich geht von ihnen eine gewisse Faszination aus. Zum einen sind sie immer präsent, immer am Tisch und dadurch auch häufig in Großaufnahme im TV zu sehen sowie bei den Ansagen auch zu hören. Zum anderen strahlen sie, passend zum Snookersport in schwarzen Anzug gekleidet, in der Regel eine ungeheure Ruhe, Würde und Autorität aus. Das macht neugierig. Die Fans wollen wissen: „Was sind das für Leute?" Und so manch einer denkt sich vielleicht auch: „Mensch, besonders gut spielen kann ich nicht – wäre da nicht eine Karriere als Schiedsrichter was für mich?" Der Gedanke mag naheliegend sein, aber ich kann nur vor falschen Vorstellungen warnen, denn es ist tatsächlich schwerer, als Schiedsrichter auf die Main Tour zu kommen denn als Spieler. In den letzten Jahren ist durch den deutlichen Anstieg der Turnierzahl zwar auch der Bedarf an Schiedsrichtern gestiegen, aber die Anforderungen sind nach wie vor extrem hoch. Vor der Arbeit der Schiedsrichterinnen und Schiedsrichter kann man gar nicht genug Respekt haben. Man muss sich nur mal vor Augen führen, was es bedeutet, über so viele Stunden hinweg aufs Höchste konzentriert zu bleiben, sich nicht zu verzählen und immer alles minutiös im Blick zu haben, auch wenn die Spieler natürlich helfen, indem sie ein Foul, das der Referee nicht hat sehen können, selber anzeigen. Ein Spieler kann abschalten, wenn der Gegner am Tisch ist. Für die Schiedsrichter gibt es hingegen während der gesamten Partie keine Verschnaufpause bis zum Midsession Interval. Das können locker mal zwei oder mehr Stunden am Stück sein.

Der Job der Schiedsrichter beginnt ja nicht erst mit dem ersten Frame. 45 bis 30 Minuten vor Matchbeginn wird der Tisch vorbereitet. Der „Ref", wie die Unparteiischen im Snooker oft auch genannt werden, überprüft, ob das Equipment am Tisch vollständig und in Ordnung ist. Dann baut er die Bälle auf. Anschließend sucht er „seine" Spieler auf und bespricht mit ihnen, wann und wo sie sich vor Matchbeginn treffen. Ist ein Schiri nicht als Tischschiedsrichter oder Marker, der den Spielstand auf der Anzeigetafel einstellt, im Einsatz, dann ist er in der Regel „Official on Duty". Das klingt pompös, lässt sich aber mit „Mädchen für alles" übersetzen. Ob die Turnierdirektion Unterstützung braucht oder ein Spieler ein Problem hat – die Schiedsrichter sind immer ansprechbar. Maike Kesseler, die bekannte deutsche Schiedsrichterin, hat zum Beispiel immer Nadel und Faden dabei. So kann sie zur Not auch mal schnell einen Knopf an der Weste eines Spielers annähen. Sind die Refs nicht im Einsatz, findet man sie in der Regel im Turnierbüro oder in der Spielerlounge. Ein Kaffee oder Tee müssen auch mal sein.

Der frühere Bundesschiedsrichter-Obmann Uli Keiffenheim hat einmal in einem Interview auf snookermania.de verraten, dass auch Schiedsrichter das Konzentrationsloch fürchten und es ihnen bei Weitem nicht immer gelingt, die Konzentration aufrechtzuhalten. Was helfe, seien regelmäßige Flüssigkeitszufuhr und Traubenzucker. In der Regel haben Schiedsrichter am Markertisch oder irgendwo in der Nähe eine Flasche Wasser deponiert. Dann können sie zwischen den Frames schnell mal einen Schluck nehmen, bevor sie die Bälle wieder aufbauen. Aber bitte nicht zu viel. Man will ja nicht mitten im Frame auf die Toilette laufen müssen.

Neben der mentalen Leistung der Refs sind auch die körperlichen Anforderungen nicht zu unterschätzen: Schiedsrichter müssen sich ja ständig um den (nicht gerade kleinen) Tisch herumbewegen – im Laufe eines Matches kommen da durchaus ein paar Kilometer zusammen – und sind stundenlang auf den Beinen, können sich zwischendurch nicht hinsetzen. Das ist eine Leistung, die ich wirklich bewundere.

Der Werdegang eines Schiedsrichters fängt in der Regel im Amateurbereich an. Das heißt, man geht in Deutschland zu einem Verein und sagt: „Ich will Schiedsrichter werden." Der Verein wird sich darüber wahrscheinlich freuen – weil jeder Verein eine gewisse Anzahl an Schiedsrichtern stellen muss und es immer schwierig ist, diese zusammenzubekommen – und dann mit dem Landesverband Kontakt aufnehmen. In jedem Landesverband gibt es einen Landesschiedsrichter-Obmann, der regelmäßige Lehrgänge anbietet. So erwirbt man zunächst den C-Schein und bekommt dann auch erste Einsätze bei kleineren Turnieren. Schon bei dieser ersten Stufe muss man nachweisen, dass man die Regeln beherrscht und auch die Grundlagen für das Verhalten am Tisch begriffen hat. Danach folgen auf nationaler Ebene der B-Schein und schließlich die A-Lizenz. Man arbeitet sich also zum einen durch Kurse und Fortbildungen, zum anderen über die Bewährung am Tisch die Leiter hoch. Die Ansprüche werden dabei immer höher. Daran schließt sich dann ein mehrstufiges System auf internationaler Ebene im Amateurbereich an. Ähnliches gilt für die Profis, bei denen die einzelnen Stufen durchnummeriert sind, bis hin zum Grad-1-Schiedsrichter, der alles bis hin zum WM-Finale leiten kann. Als erfahrener Schiedsrichter im Amateurbereich kann man sich bei World Snooker selbst anbieten, in der Regel kommt World Snooker aber auf infrage kommende Kandidatinnen und Kandidaten zu, man kennt sich schließlich in der Szene. Die neuen Refs werden eingeladen, bei einem kleineren Turnier oder bei Qualifikationen zu schiedsen. Bei diesen sogenannten Assessments werden sie von erfahrenen Schiedsrichtern wie Brendan Moore oder Jan Verhaas beobachtet. Anschließend setzt man sich zusammen und der erfahrene Referee wird dem Neuling erklären, worauf er oder sie in bestimmten Situationen zu achten hat, oder auch anhand von Videoaufzeichnungen zum Beispiel sagen: „Sieh mal, wo du da gestanden hast. Auf einer anderen Position hättest du noch das und das und das erkennen können."

Hat man sich bewährt, wird man zu weiteren Einsätzen eingeladen. Parallel gehen die Assessments kontinuierlich weiter. World Snooker sichert damit das hohe Niveau im Schiedsrichterwesen auf der Main Tour, gibt gleichzeitig jungen Schiedsrichterinnen und Schiedsrichtern aber die Chance sich weiterzuentwickeln. Die Einstufung in die Klassen ist nicht an formale Kriterien gebunden. Dies entscheiden die Senior

Referees und die Turnierdirektoren gemeinsam. Bei entsprechenden Leistungen erfolgt jeweils eine Höherstufung. Allerdings kann man auch heruntergestuft werden. Ein Grund dafür könnte etwa sein, dass man aufgrund seiner beruflichen Beanspruchung kaum Einsätze absolvieren kann und deshalb einfach die Routine am Tisch fehlt.

Wir sind in Deutschland momentan in der glücklichen Situation, dass wir einen Schiedsrichter und eine Schiedsrichterin mit der höchsten Lizenz haben, also mit der Lizenz, jede Art von Match zu leiten: Marcel Eckardt, der es als erster Deutscher – und übrigens auch als bisher jüngster Schiedsrichter weltweit – in die Spitze geschafft hat, und Maike Kesseler. In diesem Zusammenhang möchte ich übrigens auch erwähnen, dass es erfreulicherweise im Snookersport, zumindest im Vergleich zur Anzahl der Spielerinnen, relativ viele Schiedsrichterinnen gibt. Die bekannteste ist Michaela Tabb, die 2015 ihre Zusammenarbeit mit World Snooker beendete und inzwischen nur noch von freien Veranstaltern (also unabhängig von World Snooker) bei Turnieren oder Exhibitions eingesetzt wird. Michaela hat für Frauen in diesem Beruf wirklich Bahnbrechendes geleistet. Sie war von Haus aus eigentlich Pool-Schiedsrichterin (davor spielte sie selber und gewann 1997 sogar die britische Frauen-Pool-Meisterschaft), aber World Snooker wollte zu Anfang des Millenniums frischen Wind in die Altherrenriege der Schiedsrichter bringen. Deshalb verlief Michaelas Schiedsrichterkarriere auf der Überholspur – was sie aber mit hervorragenden Leistungen rechtfertigte. 2009 leitete sie als erste Frau ein WM-Finale. Ich habe sie als eine sehr angenehme Zeitgenossin kennengelernt, mit der ich mich gerne auf ein Gläschen Weißwein und einen netten Plausch an der

Bar verabrede, wenn wir uns auf Exhibitions oder bei anderen Turnieren begegnen. Dass der Krug zwischen Michaela und World Snooker zerbrochen ist, finde ich sehr schade. Am Ende hat man sich sogar vor dem Arbeitsgericht gegenübergestanden. Das endete mit einem Vergleich, aber die Karriere von Michaela als Schiedsrichterin auf der Main Tour war damit beendet. Neben ihrer Arbeit bei Show-Events ist sie aber weiterhin als Schiedsrichterin auch im Pool aktiv.

Um einmal den Werdegang eines Schiedsrichters genauer zu schildern: Marcel Eckardt (Jahrgang 1989) absolvierte seinen ersten Schiedsrichterlehrgang 2008, erwarb die C-Lizenz des Landesverbands Thüringen und danach die nationale B-Lizenz. 2010 leitete er seine erste Exhibition mit Profispielern und sammelte Erfahrungen auf europäischen Turnieren und der Main-Tour-Qualifikation. Das German Masters 2012 war sein erstes vollwertiges Weltranglistenturnier. Für die Saison 2013/14 wurde Eckardt mit 23 Jahren als bis dahin jüngster Schiedsrichter in den Klasse-1-Kader der Snookerschiedsrichter berufen, der aus lediglich zwölf Unparteiischen besteht. Dieses Top-Dutzend allein hat die Lizenz, bei tatsächlich allen Matches der Main Tour zum Einsatz zu kommen. Marcel ist übrigens durch unsere Eurosport-Übertragungen zum Snooker gekommen. Selbst Poolspieler, faszinierte ihn, was er im Fernsehen sah. Weil er alles genau verstehen wollte, nahm er sich die Regeln zur Brust. Was folgte, war der Wunsch, selber Schiedsrichter zu werden. Später ist er dann zu vielen Profi-Events gefahren und hat dort als Freiwilliger mitgeholfen. Dieses Engagement half, Kontakte zu knüpfen und damit am Ende seinen Traum wahr zu machen. Etwas anders verlief die Karriere von Maike Kesseler. Ihr Mann Jürgen ist begeisterter

Spieler und organisiert übrigens auch viele Amateurturniere in Deutschland. Maike hat ihn zu den Turnieren begleitet und wollte sich, weil sie selber keine so gute Spielerin ist, auf andere Weise nützlich machen. Und Schiedsrichter werden immer gebraucht.

Für die meisten Schiedsrichter ist ihre Arbeit im Snooker eine Nebentätigkeit. Marcel zum Beispiel studiert noch und Maike arbeitet als Kundenberaterin in einer Bank. Sie investiert im Prinzip ihren gesamten Jahresurlaub in die Schiedsrichterei beziehungsweise hat das Glück, dass ihre Vorgesetzten sie unterstützen und ihr auch mal unbezahlten Urlaub geben. Aber klar ist: Man braucht für diesen Job eine gehörige Portion Leidenschaft und muss viele Opfer bringen, das Familienleben leidet definitiv darunter. Olivier Marteel, ein belgischer Referee, ist im Hauptberuf Krankenpfleger. Einmal leitete er am Montagabend ein WM-Finale, reiste am Dienstag nach Belgien zurück und arbeitete Dienstag und Mittwoch in der Nachtschicht im Krankenhaus. Donnerstagmorgen flog er dann nach London zum Galadinner der World Snooker Awards und am Freitag wieder nach Hause, um weitere drei Nachtschichten abzureißen. Marteel ist übrigens ein Senior Referee, also ein erfahrener Schiedsrichter, der die Nachwuchs-Referees ausbildet.

In Vollzeit tätige Schiedsrichter gibt es derzeit nur zwei: Jan Verhaas und Brendan Moore. Beide sind bei World Snooker fest angestellt. Welche Rolle Jan bei meiner Aufnahme in die „Snookerfamilie" gespielt hat, habe ich ja bereits berichtet. Er lebt diesen Sport mit jeder Faser seines Wesens und beurteilt die Menschen in seinem Arbeitsumfeld danach, ob sie seine Liebe zum Snooker teilen oder nicht. Auch deshalb verstehen wir uns so gut. Vor seiner Zeit als Referee war er Prozesssteuerer bei einem Chemiekonzern. 2016 wurde er als Direktor in den Vorstand der WPBSA gewählt. Neben seiner Tätigkeit als Schiedsrichter trägt er damit als Vorstandsmitglied auch weitere Verantwortung im Verband. Zudem ist er Vorsitzender der Regelkommission. Mehrere Überarbeitungen des Reglements, bei denen es vor allem darum ging, Missverständnisse zu vermeiden, gehen auf ihn zurück. Brendan Moore ist ein ehemaliger Busfahrer aus Sheffield – kurioserweise fuhr er in der Regel auf der Linie, die am Crucible Theatre vorbeiführt. 2018 leitete er dort schon sein zweites WM-Finale. Am Tisch wirkt er oftmals sehr nüchtern, aber er ist ein Mann mit sehr viel Humor. Und Spezialist für Matches, die über die volle Distanz, also in einen Decider, gehen. Als feststand, dass er das Finale leiten würde, schrieb ich ihm via Twitter: „Ich freue mich schon auf die 35 Frames im Finale." Nach dem Finale schrieb er zurück: „Sorry, Rolf, hat nicht ganz geklappt." (Zur Erinnerung: Das Finale ging „nur" über 34 Frames.)

Auch Senior Referee Paul Collier geht außerhalb des Snookersportes keiner anderen Beschäftigung nach, aber seine Situation ist eine etwas andere als die von Verhaas und Moore, er hat sozusagen zwei Hüte auf: zum einen den des Schiedsrichters und zum anderen arbeitet er für World Snooker zusätzlich als Turnierdirektor. Paul ist ein stolzer Waliser mit sehr viel Humor. Die Turnierdirektoren (es gibt vier, aber bei einem normalen Turnier sind in der Regel nur zwei im Einsatz) sind verantwortlich für den korrekten Ablauf der Turniere. Sie entscheiden auch über den Spielplan (zum Beispiel, wer auf welchem Tisch spielt) und sind letzte Instanz bei eventuellen Streitfällen. Auch über die Einhaltung der Kleiderordnung wachen sie. Darüber hinaus sind sie für den Auf- und Abbau der technischen Infrastruktur zuständig: Computersysteme, Scoringsystem, Vernetzung der Monitore an den Tischen usw. Während des Turniers sieht man sie ausschließlich im Anzug mit Krawatte, vor und nach dem Turnier laufen sie jedoch in Jeans und schmutzigem T-Shirt herum, weil sie über den Boden kriechen, Kabel ziehen und Geräte anschließen beziehungsweise abbauen.

Wenn man etwas braucht oder es ein Problem gibt: Paul fragen, dann funktioniert das schon. Für mich ist die Zusammenarbeit mit Paul immer sehr angenehm, gerade im Hinblick auf die Statistiken, die ich führe – zum Beispiel über Century Breaks –, die teilweise auch von World Snooker genutzt werden. Bei der inzwischen eingestellten European Tour gab es früher die Qualifikationsrunden der Amateure, die für die Century-Statistik mitzählten. Das Problem war aber, dass die Qualifikationsrunden nicht über das offizielle Scoringsystem liefen, die Centuries also nicht automatisch erfasst wurden. Dementsprechend musste sich jemand von der Turnierdirektion die handgeschriebenen Matchprotokolle zur Brust nehmen und alle (das sind hunderte!) durchblättern, um zu prüfen, ob es irgendwo ein Hunderter-Break gegeben hatte – eine Arbeit für jemanden, der Vater und Mutter erschlagen hat. Wenn Paul einer der Turnierdirektoren war, dann wusste ich, ich brauchte ihn nur anzusprechen und hatte die gewünschte Information in Kürze vorliegen.

Ich werde oft gefragt, was denn ein Schiedsrichter so verdient. World Snooker veröffentlicht weder das Gehalt der Festangestellten noch die Honorarsätze der Freien. Dafür muss man Verständnis haben: Ihr Arbeitgeber veröffentlicht ja auch nicht Ihr Gehalt in der Zeitung. Eines können Sie mir aber glauben: Reich werden sie alle nicht! Bei vielen Turnieren in Europa müssen die Schiedsrichter oft einen Teil der Reisekosten selber tragen. Das Hotel wird vom Veranstalter gestellt, allerdings muss man sich meist ein Doppelzimmer mit einem Kollegen teilen – Luxusleben sieht anders aus. Deshalb kann ich mich nur wiederholen: Es ist sehr, sehr viel Leidenschaft erforderlich, um diesen Job zu machen. Auch die Arbeitskleidung, also Anzug und Handschuhe, muss auf eigene Kosten angeschafft werden. Allerdings bekommen die Schiedsrichter im obersten Kader den Anzug in der Regel gestellt, weil das Erscheinungsbild identisch sein soll. Das sonstige Arbeitsgerät eines Referees ist aber überschaubar. Auf die Frage, was er bei der Arbeit immer in der Tasche habe, antwortete Marcel Eckardt: „Zwei Ballmarker [zum Ausmessen der Spots und als Platzhalter, wenn man einen Ball aus dem Tisch nehmen muss] und eine australische Geldmünze." Mehrere Ballmarker braucht man deshalb, weil manchmal mehrere Bälle aus dem Tisch genommen werden. Das kann zum Beispiel passieren, wenn Pink mitten in den Roten aufgesetzt werden muss. Die Münze braucht man, um vor Spielbeginn festzulegen, wer den ersten Frame beginnt; der Sieger des Münzwurfes entscheidet, ob er selber beginnt oder aber den Gegner anfangen lässt (Gleiches passiert bei einer Re-spotted Black). Eine australische Münze muss es aber nicht sein. Auch eine Uhr brauchen die Schiedsrichter. Denn in den handgeschriebenen Matchprotokollen werden auch die Uhrzeiten festgehalten und außerdem muss der Schiedsrichter mit den Spielern den genauen Zeitpunkt absprechen, zu dem es nach dem Midsession Interval weitergeht. Der größte Ausrüstungsgegenstand der Schiedsrichter liegt meist in der Schublade unter dem Tisch: das Aufsetzdreieck, das eigentlich ein Viereck ist und mit dem man die Roten schnell und präzise an die richtige Stelle bringen kann (das Dreieck, in dem die Roten aufgesetzt werden, ist zusätzlich von einem Quadrat umgeben, weil das Gerät auf vier Rollen präziser in Position rollen kann). Jeder Schiedsrichter besitzt sein eigenes Aufsetzdreieck, das er auch selber erwerben muss.

Was die Arbeit der Schiedsrichter angeht, so besteht diese in erster Linie darin, die Bälle aufzulegen, auf die Einhaltung der Regeln zu achten und den Spielstand anzusagen. Dies alles sollten sie möglichst unauffällig tun. Ronnie O'Sullivan hat mal den armen Terry Camilleri aus Malta mit den Worten angeraunzt: „Ich weiß, dass du hinter mir stehst, aber ich will es nicht hören." Terry trug an diesem Tag nämlich neue Lederschuhe und die knarzten wohl ein bisschen. Auf die Frage danach, welche Regel am schwierigsten anzuwenden sei, antworten fast alle Referees: „Der ‚simultaneous hit'." Also Folgendes: Trifft der Spielball gleichzeitig zwei Bälle, gilt das als Foul – es sei denn, Rot ist dran und es werden zwei Rote getroffen. Ob die Bälle allerdings tatsächlich gleichzeitig oder doch in kurzer Folge getroffen wurden, ist für einen Referee natürlich sehr schwer zu sehen, teilweise sogar im Video kaum zu erkennen. Apropos Video: Der Videobeweis ist im Snooker nirgends geregelt. Wie immer in diesem Gentleman-Sport handhabt man das mit gesundem Menschenverstand. Zumindest an den TV-Tischen kann das Bild aus dem Ü-Wagen auf den Monitor geschaltet werden. Da fragt dann der Schiedsrichter kurz einen der Kameramänner und dieser gibt die Bitte an den Ü-Wagen weiter. So kann man sich die schwierige Situation noch einmal ansehen.

Im Gegensatz zu den Referees bei anderen Sportarten sind Snookerschiedsrichter, von wenigen Ausnahmen abgesehen, nicht dazu da, die Spieler vom Begehen grober Unsportlichkeiten abzuhalten. Viel eher sehen sie ihre Aufgabe darin, den Spielern zu helfen – zum Beispiel durch Anreichen und Abnehmen der Hilfsqueues oder auch durch die Beseitigung von Faktoren, die die Spielerkonzentration stören könnten. Nicht die Spieler, sondern das Publikum gilt es manchmal also, in Zaun zu halten. Handyklingeln ist da natürlich der Klassiker. Passiert es einmal, kommt man mit einer Verwarnung davon. Als bei einem Match das Handy eines Zuschauers gleich mehrfach klingelte, drehte Jan Verhaas, der die Partie leitete, sich nur um und sagte: „Gehen Sie ruhig dran und sagen Sie Bescheid, dass Sie gleich zu Hause sind." Das war dann die elegante Form des Rauswurfs. Beim Finale des Masters 2018 zwischen Kyren Wilson und Mark Allen passierte Ähnliches: Das Handy eines Zuschauers klingelte sage und schreibe drei Mal, und zwar immer dann, wenn Kyren Wilson gerade zum Stoß ansetzte. Da habe ich mich schon gefragt, ob das nicht eine absichtliche Störung war. Nach dem dritten Klingeln wurde es auch Schiedsrichter Olivier Marteel zu bunt: „Kick him out", war das Verdikt, ein Ordner sollte den Zuschauer aus dem Saal entfernen. Aber Kyren sagte: „Werft ihn nicht raus, er soll sein Handy nur auf lautlos stellen." Dafür bekam er einen Riesenapplaus vom Publikum und hatte danach bei den Fans einen dicken Stein im Brett.

Natürlich unterlaufen den Schiedsrichtern hin und wieder auch Fehler. Man verzählt sich zum Beispiel – und wird dann in der Regel von einem Spieler oder dem Marker korrigiert. Oder man vergisst, Gelb für das Endspiel auf die Farben aufzusetzen, weil vorher Gelb als letzte frei wählbare Farbe gelocht wurde. Vor einigen Jahren bei der WM passierte es kurioserweise an zwei aufeinanderfolgenden Tagen, dass zwei verschiedene Schiedsrichter versehentlich den Spielball vom Tisch nahmen. Zuerst erwischte es ausgerechnet die sehr erfahrene Michaela Tabb: Sie wollte eigentlich eine Farbe aus der Tasche holen und wieder aufsetzen, als es eine Störung im Publikum gab. Während sie um den Tisch herumging, um den Ball aus der Schiene zu holen, drehte Michaela sich zum Störer hin und wollte ihn zur Ordnung rufen. Und dabei griff sie aus irgendeinem Grund instinktiv nach dem weißen Spielball und nahm ihn vom Tisch – ein kompletter Blackout. Plötzlich dämmerte ihr aber: „Moment, hier stimmt was nicht. Wieso habe ich den Spielball in der Hand?" Das gab einen großen Lacher. Aber natürlich hatte sich niemand gemerkt, wo genau der Spielball gelegen hatte. Das musste dann in Gemeinschaftsarbeit und unter Zuhilfenahme des Fernsehbilds rekonstruiert werden. Am Tag darauf passierte allerdings dem niederländischen Schiedsrichter Johan Oomen genau das Gleiche: Auch er nahm in einer ähnlichen Situation aus Versehen den Spielball vom Tisch.

Ein anderer Fall: Normalerweise sagt der Schiedsrichter erst nach Aufsetzen der Farbe den Punktestand an, wenn der Tisch sozusagen für den nächsten Ball freigegeben ist. Vor einigen Jahren in Fürth war Ronnie O'Sullivan einmal auf Maximum-Break-Kurs. Der Schiedsrichter realisierte das aber erst, als er gerade die 15. Schwarze aus der Tasche herausholte, also nach 120 Punkten. Er nahm also den schwarzen Ball aus der Schiene, fing an zu zählen und wollte gerade „one hundred and twenty" sagen, als ihm auffiel: „Moment, ich bin zu früh, ich habe Schwarz ja noch gar nicht aufgesetzt." Er rettete sich aber noch elegant aus der Affäre, indem er das Aussprechen des Punktestandes in die Länge zog, während er möglichst schnell den Ball aufsetzte.

Auf der Website von World Snooker werden die Referees in kleinen Interviews nach ihren peinlichsten Momenten gefragt. Marcel Eckardts Antwort darauf: „Jedes Verzählen ist peinlich, weil es sofort auffällt und Konzentrationsschwäche zeigt. Einmal habe ich mich verzählt, als es auf eine Re-spotted Black hinauslief. Ich wollte schon die Bälle aus der Tasche holen, um die Kugeln wieder aufzubauen, als mein Blick auf das Scoreboard fiel und ich zum Glück meinen Fehler erkannte." Leo Scullion verrät, dass er einmal zusammen mit den Spielern die Arena betrat, nur um festzustellen, dass er vergessen hatte, den Tisch vorzubereiten. Und Terry Camilleri fällt – Gipfel der Peinlichkeit – ein Auftritt mit offenem Hosenstall ein!

TABLEFITTER UND RIGGING TEAM

Neben den sicht- und hörbaren Akteuren wie Spielern, Schiedsrichtern, Moderatoren und Kommentatoren (zu den letzten beiden Berufssparten komme ich im nächsten Kapitel) gehören zu einem Snookerturnier natürlich auch viele Menschen, die im Hintergrund wirken und für einen reibungslosen Ablauf sorgen. Im Auftrag der Firma World Snooker Services reisen zum Beispiel Tablefitter um die Welt, um die Tische aufzubauen, abzubauen und in der Zwischenzeit zu warten. World Snooker bekommt von seinem Exklusivausstatter (alle Events werden also auf den gleichen Tischen gespielt) pro Saison etwa 15 Tische. Diese werden dann, in Einzelteile zerlegt und in speziellen Kisten verpackt, per Lkw kreuz und quer durch Europa gefahren. Bei Turnieren in China kommen die Tische direkt aus der Fabrik. So ein Tisch, wie er auf der Main Tour genutzt wird, kostet etwa 15 000 Euro. Kleiner Trost für Hobbyspieler: Ganz so viel muss man nicht investieren, es gibt günstigere Modelle, die vollkommen ausreichen. Aber denken Sie an das Gewicht: Ein Full Size Table (zwölf mal sechs Fuß – 365,76 x 182,88 cm) wiegt über eine Tonne, also 1000 kg!

Vor Turnierbeginn müssen die Tische (auch die Trainingstische) aufgebaut werden. Zunächst wird das massige Holzgestell montiert, dann werden die Heizmatten installiert, die die Schieferplatte später aufwärmen. Darauf kommt dann die Schieferplatte. Diese ist etwa 5 cm dick und besteht nicht aus einem einzigen Stück (es wäre zu schwer), sondern aus fünf einzelnen Platten, die mit großer Sorgfalt aufgelegt werden. Danach müssen die Fugen zwischen den Platten ganz genau zugespachtelt werden. Es darf ja keine Unebenheit auf dem Tisch geben. Anschließend wird das Tuch aufgespannt. Viele Zuschauer denken ja, es bestünde aus Filz, weil es so schön grün ist. Stimmt aber nicht. Es handelt sich vielmehr um hochfeines Kammgarn, hat mit Filz also nichts zu tun. Der Stoff wird von mehreren Tablefittern auf der Tischplatte in Position gebracht und dabei ständig unter Spannung gehalten, damit er nirgendwo Falten schlagen kann, sondern wirklich straff gezogen ist. Dabei ist Vorsicht und Geschick geboten, denn die dünnen Tücher, die heutzutage auf der Main Tour benutzt werden, können schnell reißen, wenn man zu viel Kraft aufwendet. Da ist schon Fingerspitzengefühl gefragt. Das Tuch wird dann an den Seiten am Holz angetackert, sodass es fest sitzt. Daraufhin werden noch die Banden aufgeschraubt, die Taschen aufgesteckt, die Netze und Ballschienen installiert. Zum Schluss müssen die Spots für die Farben eingezeichnet werden. Sie sind nicht schon im Tuch eingedruckt, sondern werden bei jedem Turnier für jeden einzelnen Tisch frisch ausgemessen und markiert.

Ist der Tisch aufgebaut, muss er noch vom Turnierdirektor abgenommen werden. Dafür misst dieser anhand von Holzschablonen aus, ob die Taschen und Tascheneinläufe richtig geformt sind. Wenn die Schablonen genau in die Taschen passen, stimmt alles. Danach nimmt sich der Turnierdirektor noch ein Queue und spielt probeweise auf dem Tisch, um zu überprüfen, ob er wirklich perfekt läuft. Martin Clark, einer der Turnierdirektoren, war früher selber einmal Top-Profi, bevor er aufgrund von Rückenproblemen seine Karriere relativ früh beenden musste. Als solcher weiß er natürlich besonders gut, was auf dem Tisch passieren sollte. Martin hat immer sein Queue dabei und probiert mit ihm aus, ob die Tische richtig laufen. Erst im Anschluss daran werden sie freigegeben.

Mit dem Aufbau der Tische ist die Arbeit für die Tablefitter aber noch nicht erledigt. Sie kümmern sich während des gesamten Turniers um die Tische. So wird zum Beispiel jeder Tisch an jedem Morgen mit der Wasserwaage genau kontrolliert. Unter Umständen hat sich etwas gesetzt, sodass man leicht nachjustieren muss. Auch alle anderen Bestandteile werden auf korrekten und festen Sitz kontrolliert. Es wäre ja peinlich, wenn während eines Matches plötzlich eine Tasche abfallen würde. Vor jedem Match und in jedem Midsession Interval wird das Tuch noch einmal gebügelt und abgebürstet. Außerdem müssen die Jungs und Mädels (auch die gibt es) die Tische während eines Turniers eventuell noch einmal neu beziehen, also mit einem neuen Tuch ausstatten.

Zum Rigging Team gehören die Monteure, die die komplette Bühne aufbauen, die Beleuchtung und die Aufhängungen für die Kameras installieren und auch meine Kommentatorenkabine zusammenbauen. Zwei große Trucks voller Equipment rollen jeweils für ein Turnier an und es dauert vier, fünf Tage, um alles aufzubauen, obwohl das Team sehr schnell und präzise arbeitet. Das ist schon ein ganz besonderer Menschenschlag: liebenswerte, aber auch richtig harte Typen. Beim German Masters in Berlin herrschten einmal eisige Temperaturen, als direkt nach dem Finale mit dem Abbau begonnen wurde. Ich musste noch einen Artikel schreiben und ging kurz vor die Tür, um schnell eine Zigarette zu rauchen, dick in Mantel und Schal eingepackt. Trotzdem zitterte ich vor Kälte. Plötzlich sah ich, wie jemand hinten auf der Ladeklappe des Lkws stand – in kurzen Hosen und mit freiem Oberkörper bei minus 15 Grad! Das konnte nur einer der Hartgesottenen vom Rigging Team sein.

QUEUEBAUER

Ein wichtiger Beruf außerhalb des eigentlichen Snookerbetriebs ist der des Queuebauers. Zu den Queues der Spieler erreichen mich oft Fragen, denn ein Queue ist ein sehr persönliches Spielgerät. Wie sehr Spieler von ihren Queues abhängen, zeigt das bereits erwähnte Beispiel von Stephen Hendry. Dieser spielte zwar mit einem Billig-Queue, wurde damit aber siebenmaliger Weltmeister. Doch dann wurde das Queue beim Rückflug von einem Turnier so schwer beschädigt, dass es nicht mehr zu reparieren war. Hendrys Manager Ian Doyle war zuerst froh, dass sich sein Schützling nun endlich ein gescheites Queue von einem renommierten Queuebauer machen ließ, aber Hendry war danach nicht mehr derselbe, obwohl er sich noch lange in der Weltspitze hielt und Turniere gewann. Er hat mit dem neuen Queue nie mehr dasselbe Spielgefühl entwickelt, das er mit dem alten Queue besaß. Ein noch schlimmeres Beispiel ist der Kanadier Alain Robidoux, zu seiner Zeit in den 90ern ein sehr guter Spieler, dessen Queue von einem kanadischen Queuebauer hergestellt worden war. Während der Saison hielt er sich aber in England auf und in dieser Zeit musste einmal sein Queue repariert werden. Da er nicht den ganzen weiten Weg nach Kanada zurückfliegen konnte, ging er also zu einer englischen Firma, die die Reparatur erledigte und dann ihr Etikett neben das des kanadischen Herstellers klebte. So weit, so gut. Robidoux flog nach Saisonende nach Hause und lieferte sein Queue für eine Generalüberholung bei dem ursprünglichen Erbauer ab. Als dieser jedoch den Aufkleber der englischen Firma sah, stellte er wutentbrannt die Kreissäge an und machte aus dem Queue Kleinholz. Alain Robidoux gewann danach kein einziges Match mehr und beendete ein Jahr später seine Karriere.

Das zeigt, wie wichtig das Queue für den Spieler ist, aber auch den Stolz der Queuebauer auf ihr Handwerk. Unter ihnen gibt es wahre Künstler. Der bekannteste ist sicherlich John Parris in London, dessen Kundenkartei sich wie ein Who's who des Snooker liest, von Steve Davis in den 80ern bis zu Ronnie O'Sullivan und John Higgins heute. Der Laden von Parris ist klein und urig, vollgestellt mit Holzstücken und Queues. Betritt man die Werkstatt, wird sofort deutlich, dass hier allerfeinstes Handwerk im besten Sinne des Wortes mit größter Sorgfalt betrieben wird.

Queues können maschinen- oder handgespleißt sein, sie bestehen aus Holz (Esche oder Ahorn) und werden ein- oder zweiteilig fabriziert. Einteilige Queues vermitteln eigentlich die beste Stoßrückmeldung, man kann also den Stoß mit ihnen sehr gut im Körper fühlen. Für den Transport sind sie wegen ihrer Länge aber sehr unpraktisch. Als bester Kompromiss zwischen Praktikabilität und Stoßrückmeldung hat sich eine Aufteilung im Verhältnis eins zu zwei erwiesen: Ein Drittel des Queues bildet das Unterteil mit der Griffzone, zwei Drittel bilden die Spitze. Renommierte Queuebauer werden ihre Queues immer per Hand herstellen, bieten aber oft neben Maßanfertigungen auch eine Reihe von Standardmodellen an, die entsprechend preiswerter sind. Ein ordentliches handgefertigtes Standardqueue bekommt man schon für eine niedrige dreistellige Summe, ein maßgefertigtes Queue aus Holz, das mehrere Jahre lang abgelagert wurde, versehen mit dekorativen Verzierungen, kann schon mal ein paar hundert Euro kosten; das ist dann aber wirklich die Oberklasse. Alles, was darüber hinausgeht, ist – pardon! – Spinnerei. Dass Preis und aufwendiges Herstellungsverfahren nicht immer ausschlaggebend sind, zeigt das Beispiel Stephen Hendry. Und auch Peter Ebdon wurde Weltmeister mit einem Queue, das ihn fünf Pfund gekostet hatte! Entscheidend ist, dass das Queue perfekt zum Spieler passt.

John Parris sucht zum Beispiel mit viel Liebe das Holz für den Bau eines Queues aus; es kommt auch schon mal vor, dass er von sich aus auf einen Spieler zugeht und sagt: „Ich habe da so ein Stück Holz, das wäre meiner Meinung nach gut geeignet für die Art und Weise, wie du spielst." Und dann wird das Vierkantholz mit größter Vorsicht peu à peu bearbeitet. Nach dem groben Zurechtschleifen des Queues probiert der Spieler es aus und auf der Basis seiner Rückmeldung erfolgt anschließend der Feinschliff, bei dem zum Beispiel die Gewichtsbalance noch leicht verändert wird. Das ist ein fein austariertes System, bei dem das Queue perfekt auf den Spieler abgestimmt ist. So ein Queue ist ein Einzelstück, es wird kein Ersatz angefertigt. Und selbst wenn man ein zweites Queue mit genau dem gleichen Gewicht bauen würde, wäre es nicht zu 100 Prozent gleich, weil zwei Stücke Holz niemals identisch sind.

Manche Spieler behalten ihr ganzes Snookerleben lang ein und dasselbe Queue. Wenn es kaputtgeht, ist das natürlich eine Tragödie. Es gibt aber auch Spieler, die relativ unempfindlich sind. Ein Ronnie O'Sullivan kann wahrscheinlich zur Not auch mit einem Besenstiel ein Century machen. Andere Spieler wechseln schon mal absichtlich das Queue, um neue Impulse zu bekommen, wenn es gerade nicht so rund läuft. Vom Hersteller des Queues kann man übrigens auch direkt die passenden Verlängerungen beziehen, die sich fest am Queue verschrauben lassen.

Wie empfindlich Spieler auf Unstimmigkeiten an ihrem Arbeitsgerät reagieren, kann man übrigens auch an der Pomeranze bemessen. Dieses Lederplättchen (mittlerweile werden manchmal auch andere Materialien verwendet) auf der Spitze des Queues ist ganz entscheidend, denn es ist ja das Teil, das mit dem Spielball in Kontakt kommt. Eine Pomeranze wird aufgeklebt; von aufschraubbaren Pomeranzen sollte man die Finger lassen. Einige Spieler kleben selber, andere lassen das Kleben von anderen erledigen, die darin etwas geschickter sind. Die Pomeranze wird sorgfältig aufgeklebt und anschließend präzise zugeschnitten. Dabei ist es eine Frage der persönlichen Vorliebe, ob sie denselben Durchmesser wie die Queuespitze hat oder etwas übersteht; Letzteres sieht dann immer ein bisschen wie ein Pilz aus. Peter Ebdon ist zum Beispiel ein Vertreter der Pilz-Fraktion. Letztendlich geht es darum, womit man selber glaubt, die beste Ballkontrolle zu haben. Kyren Wilson ging bei der WM 2017 die Pomeranze im Match kaputt. So etwas passiert schon mal, wenn man abrutscht, man kann dann eine Reparaturpause einlegen. Paul Collier hat ihn damals gerettet und ihm eine neue Pomeranze aufgesetzt. Doch die war nagelneu, nicht eingespielt, und prompt ging es mit Kyrens Spiel bergab. 2018 passierte ihm genau dasselbe, aber diesmal war er vorbereitet: Er hatte zuvor beim Masters das Finale erreicht und anschließend die Pomeranze abgelöst, um sie für die WM als Ersatz zur Seite zu legen. So wusste er: „Wenn mir das wieder passiert, habe ich eine Pomeranze, die eingespielt ist und mit der ich zurechtkomme."

Um richtig spielen zu können, benötigt man noch Kreide, die auf die Pomeranze aufgetragen wird. Erst die Kreide ermöglicht ein kontrolliertes Spiel. Ohne sie könnte der Spieler den Ball nur anstoßen, ihm aber keine Wirkung mitgeben, denn die Pomeranze ist glatt, so wie der Ball auch, das Queue würde daher vom Ball abrutschen. Dies verhindert die Kreide, weil sie die Spitze des Queues anraut. So kann man dem Spielball nicht nur den Bewegungsimpuls mitgeben, sondern ihn gleichzeitig auch noch in eine Rotation versetzen, die Zug- oder Nachlaufwirkung beziehungsweise Effet erzeugt. Für ihre Kreide haben die Profis kein Geheimrezept. Alle spielen mit handelsüblicher Kreide, wie sie auch jeder Freizeitspieler beim Fachhandel beziehen kann. Die Marke ist dabei eine Frage der persönlichen Vorliebe (beim Snooker spielt auch immer die

Psyche eine Rolle). Allerdings kann die Kreide auch Probleme verursachen: Kreidestaub auf den Bällen kann zu Kicks führen und Kreidereste auf dem Tisch beeinflussen zudem den Lauf gerade von langsamen Bällen. Vor einiger Zeit ist nun ein neuer Hersteller auf den Markt getreten: die Firma Taom aus Finnland. Ihre Kreide, so Taom, vermindere diese ungewollten Folgen und verringere so die Zahl der Kicks deutlich. Viele Profis bestätigen das und sind von der neuen Kreide begeistert. Andere haben sie ausprobiert, griffen dann aber doch wieder zur gewohnten Kreidemarke. Bei der neuen Kreide steigt nämlich das Risiko für ein „miscue", bei dem das Queue vom Ball abrutscht. Für Freizeitspieler außerdem nicht ganz unwichtig: Die neue Kreide ist deutlich teurer als herkömmliche Marken.

SNOOKERKOMMENTATOR – DER BESTE JOB DER WELT

Um meine Arbeit als Snookerkommentator zu beschreiben, muss ich etwas ausholen, denn zu ihr gehören nicht nur die (vielen) Stunden, die ich hinter dem Mikrofon sitze und live ein Match kommentiere. Im Grunde genommen beschäftigt mich Snooker an jedem einzelnen Tag des Jahres – Weihnachten, Neujahr und Urlaub ausgenommen –, denn ich muss immer auf dem aktuellen Stand sein, wissen, was sich in der Snookerszene tut, und auch mitbekommen, was bei Veranstaltungen, die ich nicht kommentiere, gelaufen ist. Heutzutage sind die Hardcorefans über das Internet sehr gut informiert, ich muss aber trotzdem versuchen, einen Informationsvorsprung zu haben. Das erfordert kontinuierliche Arbeit. In unserer Branche gilt außerdem die Regel: Wenn man mit dem Thema vertraut ist, braucht man für eine Stunde Sendezeit gut zwei Stunden Vorbereitungszeit. Bei der WM haben wir zum Beispiel pro Tag drei Sessions, das sind insgesamt neun oder zehn Stunden Sendezeit. Rechnet man für die zehn Stunden jeweils zwei Stunden Vorbereitungszeit hinzu, kommt man auf einen Arbeitstag von 30 Stunden. Dummerweise hat auch mein Tag nur 24 Stunden, in denen ich ja noch etwas essen und ein bisschen schlafen muss. Das kommt also nicht hin. Dennoch muss ich die Zeit und die Arbeit investieren und das bedeutet eben, dass ich im Vorfeld sehr viel vorbereite. Wenn ein Turnier losgeht, zum Beispiel die WM mit übersichtlichen 32 Teilnehmern, habe ich also auf dem Rechner schon sämtliche relevanten Statistiken zu allen 32 Spielern vorbereitet, sodass ich vor jedem Turniertag nur noch nachsehen muss: Wer spielt morgen?, und mir dann die Informationen aufrufen oder ausdrucken kann.

Snooker ist ja eine Sportart, bei der Statistiken eine große Rolle spielen. Zum Glück fällt es mir relativ leicht, diese zu erarbeiten, nicht umsonst habe ich früher Mathematik studiert. Aber alle diese Statistiken wollen kontinuierlich gepflegt werden. Die Century-Statistik erwähnte ich ja bereits. Es klingt so nebensächlich, wenn ich ins Mikrofon sage: „Spieler XY hat gerade sein 345stes Century Break gespielt", aber diesen Fakt weiß ich natürlich nur, wenn ich jedes Matchsheet auswerte, jedes Century notiere. Ursprünglich dienten die Statistiken nur als Hintergrundinfos für mich selbst, aber irgendwann dachte ich mir, es sei doch unsinnig, das nur für mich zu machen, und begann, die Listen auch den Eurosport-Kommentatoren der anderen Sprachen zur Verfügung zu stellen. Während eines

Turniers schicke ich inzwischen jeden Tag etwa acht bis zwölf Seiten mit verschiedensten Daten und Statistiken per E-Mail herum, und auch die Presseabteilung von World Snooker fragt gelegentlich bei mir an. Ich bin übrigens nicht der Einzige, der das macht; es gibt auch andere Kollegen, die Infos zusammenstellen und der Allgemeinheit zugänglich machen – und davon profitiere ich wiederum.

DER COUNTDOWN LÄUFT

An einem Turniertag – egal, ob ich vor Ort oder im Studio kommentiere – sieht mein Arbeitstag wie folgt aus: Spätestens zwei Stunden vor Beginn der ersten Session sitze ich am Arbeitsplatz, also im Studio beziehungsweise in der Kommentatorenkabine. Zwei Stunden vor Sendebeginn muss ich mich bei unserer Deutschland-Zentrale in München melden, um zu bestätigen, dass ich vor Ort bin und alles in Ordnung ist. Das gilt für alle Eurosport-Kollegen, denn auf dem Weg zum Einsatzort kann ja immer etwas passieren (Stau, Unfall, Bahnausfall) oder es gibt technische Probleme. Erfährt München das zwei Stunden vor der Sendung, bleibt immer noch Zeit, eine Ersatzlösung zu finden. Ich persönlich bevorzuge es, alle benötigten Unterlagen am Abend zuvor zusammenzustellen und auszudrucken, damit ich am Morgen des Turniers nicht unnötig unter Druck gerate. Abends weiß ich ja bereits, welche Matches wir am nächsten Tag im Programm haben. Das sind ein Blatt pro Spieler mit Daten und Fakten, die Ergebnisse der Akteure in den letzten 24 Monaten, der Draw, die Centuries und ein Blanko-Matchsheet, damit ich mir alle Scores während des Matches notieren kann.

Alles andere muss ich im Kopf haben beziehungsweise bei Bedarf auf dem Rechner nachschauen. Zu viele Papiere sollte man nicht um sich herum verteilen, sonst würde man im Papierwust ständig nach dem richtigen Zettel suchen. Die zwei Stunden vor der Sendung nutze ich, um mir möglichst viele Informationen einzuprägen. Dazu gehe ich einfach alle meine Unterlagen noch einmal durch. Außerdem lese ich, was andere Kollegen schreiben. Haben sie ein Match so gesehen wie ich? Haben sie vielleicht zusätzliche Informationen, die auch ich verwenden kann? In dieser Situation bin ich ein bisschen wie ein Schwamm: Ich sauge alle Informationen in mich auf. Außerdem rufe ich natürlich die aktuellsten Informationen ab. Wenn ich bei einem Event vor Ort bin, beobachte ich außerdem die Spieler – wie sie sich vorbereiten, was für einen Eindruck sie machen. Diese Möglichkeit hat man bei der Arbeit im Studio leider nicht.

Kurios übrigens wird es regelmäßig bei Turnieren in China. Die kommentiere ich immer aus dem Studio, da vor Ort die Kosten zu hoch wären, und wegen der benötigten Ton- und Bildstrecken wäre es auch sehr kompliziert. Die Übertragungen aus China beginnen bei uns ja regelmäßig um acht Uhr deutscher Zeit, manchmal sogar schon um sieben Uhr. Ich muss dann um fünf oder spätestens sechs Uhr im Studio sein. Nun ist das frühe Aufstehen nicht unbedingt meine Sache, meine Stimme hört sich zu dieser unchristlichen Zeit noch ziemlich verschlafen an. Das muss ich natürlich vermeiden. Da wir sogenannte Selbstfahrerstudios haben, was bedeutet, dass ich alles selber machen muss und um diese Zeit allein im Studio bin, ist aber auch niemand da, mit dem ich reden könnte, um meine Stimme fit zu machen. Also führe ich Selbstgespräche. Was wohl jemand denken würde, der mich dabei beobachtete?

Eine Stunde vor Sendebeginn heißt es dann: Alle Systeme hochfahren, überprüfen, ob die Technik wirklich einwandfrei funktioniert. Eine halbe Stunde vorher werden die Leitungen aufgebaut und getestet. Falls es Probleme gibt, hat man dann noch genügend Zeit, sie zu beheben. Früher waren wir immer mit der Tonregie in der Pariser Eurosport-Zentrale verbunden. Aber die Kollegen dort müssen den Kommentar-Ton in vielen verschiedenen Sprachen betreuen (Eurosport hat 20 Sprachversionen). Deshalb haben wir inzwischen eine eigene Tonregie nur für Deutschland, die in München sitzt. Baut sich die Leitung auf, ist aber nicht ganz störungsfrei, muss der Tontechniker sie ein weiteres Mal aufbauen. Oder das Audiocodec, über das man kommentiert, hat sich „verschluckt". So ein Codec ist im Prinzip nichts anderes als ein Computer: Wenn es spinnt, muss es noch einmal neu gestartet werden, damit mein Kommentar sauber herüberkommt. Ein Audiocodec ist ein kompaktes Gerät, das Sprache (also meinen Kommentar) in digitale Signale verwandelt, die dann über eine Internetverbindung an die Tonregie gehen. Gleichzeitig erhalte ich darüber auch den Ton aus der Halle sowie die Kommandos aus der Regie. Danach mache ich einen Soundcheck, bei dem ich verschiedene Situationen simuliere, sodass der Toningenieur die entsprechenden Einstellungen vornehmen und alles auspegeln kann. Ich spreche also mal ein bisschen lauter, mal leiser und versuche, alle möglichen Kommentarvarianten durchzuspielen. Anschließend müssen die aktuellen Informationen zur Sendung abgerufen werden. In erster Linie ist das der Ablaufplan für die Sendung: Wie steigen wir ein? Welche Grafiken zeigen wir vor Matchbeginn? Wie viel Zeit haben wir jeweils dafür? Was zeigen wir im Midsession Interval? Und noch einiges mehr. Eurosport ist ja ein internationaler Sender, für den an verschiedenen Orten produziert wird. Wir deutschen Kommentatoren arbeiten von Deutschland aus, wenn wir nicht vor Ort sind (Eurosport nutzt Studios, die über ganz Deutschland verteilt sind; das spart Reisekosten), die Briten sitzen in Feltham bei London, die Franzosen in Paris, die Skandinavier alle in Stockholm usw. Da müssen immer wieder Informationen weitergegeben werden, damit alle Kommentatoren auf demselben Informationsstand sind. Dafür hat Eurosport eigene internetbasierte Anwendungen. Hinzu kommt bei mir im Vorfeld noch mein Engagement auf Twitter, wo ich letzte Informationen an die Community weitergebe und Fragen wie „Welches Match übertragt ihr denn?" beantworte. Kurz vor Beginn der Session noch einmal schnell auf die Toilette gehen, denn das ist für die kommenden Stunden meine letzte Chance; die Werbeunterbrechungen zwischen den Frames sind nur etwa eine Minute lang, also zu knapp dafür. Und dann ist es endlich so weit: Ich sitze vor dem Mikrofon, pushe mich selbst noch mal ein bisschen, strecke den Körper, um voll da zu sein. Dann werde ich reingezählt. Wir haben die Sendeleitung in Paris immer auf dem Kopfhörer und bekommen so (auf Englisch) unsere Kommandos, unsere „cues". „On air in ten, nine, eight, seven, six, five, four, three, two, one – on air." Und dann geht es los mit „Hallo" und „Herzlich willkommen".

AUF SENDUNG

Zu jeder Sendung gibt es eine Einleitung, in der ich darüber informiere, wo wir sind, worum es geht usw. Es folgen die Spielervorstellungen und dann gehts rein ins Match. Ich habe nie ein festgelegtes Skript, sondern rede frei, denn das liegt mir eher als Ablesen und klingt auch natürlicher. Auch wenn es mir dann ab und zu mal passiert, das ich mich in einem Satz fürchterlich verlaufe. Neben der spontanen Reaktion auf das Spielgeschehen habe ich einige Basics parat, zum Beispiel die bereits erwähnten Hintergrundinformationen zu den Spielern. Die versuche ich, an passender Stelle, also da, wo im Spielgeschehen gerade eine ruhigere Phase stattfindet, einzubauen.

Auch wenn ich vor Ort bin und vom Fenster meiner Kabine aus das Spiel sehe, habe ich einen Monitor mit den Übertragungsbildern vor mir, kommentiere also, genau wie im Studio, immer vom Monitor, denn ich muss natürlich das Bild so kommentieren, wie es die Zuschauerinnen und Zuschauer zu Hause sehen. Sonst würden diese sich fragen: „Wieso erklärt er mir jetzt nicht die Zeitlupe, sondern redet über was ganz anderes?" Gleichzeitig versuche ich, auch im Auge zu behalten, was sich an den anderen Tischen tut, insbesondere auf dem zweiten TV-Tisch, denn es kann ja sein, dass wir zwischenzeitlich dort hinüberschalten, und dann muss ich im Bilde sein, also wissen, wer welchen Frame gewonnen, welche Breaks gespielt hat usw. Den zweiten TV-Tisch habe ich auf einem zweiten Monitor zusätzlich im Blick sodass ich einigermaßen mitbekomme, was da passiert. Wenn die Tische eng genug nebeneinanderstehen, hört man über den Kopfhörer auch manchmal den Schiedsrichter vom zweiten Tisch, kriegt so mit, wenn etwas Besonderes passiert und kann einen Blick hinüberwerfen. Parallel muss ich meine Mails im Auge behalten, denn es ergeben sich immer aktuelle Entwicklungen, kommen aus der Sendezentrale immer neue Informationen zum Ablauf, die ich nicht verpassen darf.

Und dann gibt es ja auch noch meine Online-Community auf Twitter. Während ich rede, springen meine Augen also ständig zwischen zwei Monitoren, meinen E-Mails und Twitter hin und her, das ist schon Multitasking für Fortgeschrittene.

Und damit nicht genug, bekomme ich neben dem visuellen Input über die Monitore auch über meine Kopfhörer so einiges auf die Ohren. Da ist zunächst mal der Ton aus der Halle inklusive der bereits erwähnten Ansagen des Schiedsrichters. Die muss ich schon deshalb hören, weil ich neben all dem, was ich zu bewältigen habe, nicht noch das laufende Break selber mitzählen will. Da verlasse ich mich ganz auf den Referee. Wenn er 43 sagt, ist das für mich eine 43. Aber die Kommentatoren haben darüber hinaus auch permanent die Sendeleitung aus Paris auf dem Kopfhörer, über die sämtliche Kommandos und Ansagen kommen; es kann ja aus irgendwelchen Gründen passieren, dass im Interval spontan etwas anderes gezeigt werden soll als ursprünglich im Sendeplan vorgesehen. Oder wenn ein Spieler einmal die Arena verlässt, um auf die Toilette zu gehen, dann überlegt sich der Redakteur in der Sendezentrale vielleicht, eine Grafik einzublenden, um die Pause zu überbrücken. Das muss er uns Kommentatoren natürlich sagen, damit wir wissen, was kommt. Bei Eurosport gibt es außerdem eine Besonderheit, die mit der Internationalität und Multilingualität des Senders zu tun hat. Das Material muss für spätere Zusammenfassungen geschnitten werden können, denn dort werden in der Regel ja keine ganzen Frames gezeigt, sondern die Wiederholung steigt irgendwo in der Mitte des Frames ein. Und dazu braucht man eine passende Stelle, an der alle Kommentatoren von Eurosport gerade den Mund halten. Nur: Bei 20 verschiedenen Sprachen redet immer irgendjemand. Deshalb gibt es bei uns die Besonderheit der sogenannten „cue points". Diese werden mit einer Fünfsekunden-Vorwarnung angesagt – „cue point in five, four, three, two, one, zero" – und bei „zero" müssen wir alle schweigen, bis es „cue again" heißt. Danach können wir allerdings nicht unmittelbar an das vorher Gesagte anknüpfen, denn das wird unter Umständen in der Wiederholung ja gar nicht gesendet, sondern der Wiedereinstieg muss neutral sein, damit er auch bei einer Wiederholung als Einstieg dienen kann.

Wenn ich vor Ort bin, habe ich außerdem den Regisseur aus dem Ü-Wagen auf dem Kopfhörer, was eine zusätzliche Belastung ist, denn er kommuniziert ständig mit seinem Team, gibt vor allem den Kameraleuten Anweisungen, welche Bildeinstellung er haben will. Da prasselt insgesamt schon eine ziemliche Geräuschkulisse auf mich ein. Das Mithören hat allerdings den Vorteil, dass ich vorher mitbekomme, was der Regisseur vorhat. Wenn die Regie zum Beispiel sagt „Pot success next", weiß ich, als Nächstes kommt die Statistik über den Locherfolg der Spieler, und kann schon mal anfangen, darüber zu sprechen. Zack! – kommt dann die Grafik auf den Bildschirm und belegt das, was ich gerade sage. Denn der Regisseur im Ü-Wagen ist nicht nur für die Bilder aus der Halle verantwortlich, auch die Statistiken zum Match werden aus dem Ü-Wagen zugespielt. Nur allgemeinere Grafiken (der Turnierbaum oder die Liste der Centuries zum Beispiel) kommen aus Paris.

Gar nicht so einfach, bei diesem audiovisuellen Ansturm die Konzentration aufrechtzuhalten. Und kräftezehrend ist er zudem. Bei einer Weltmeisterschaft verliere ich immer um die 4 bis 5 kg, was natürlich auch daran liegt, dass ich in dieser Zeit unregelmäßig und wenig esse – das ist sozusagen meine Frühjahrsdiät. Was die Fähigkeit angeht, die Informationsflut zu bändigen, so habe ich dafür vielleicht ein angeborenes Talent, andererseits macht auch hier die Übung den Meister. Ich habe gelernt zu unterscheiden, welche Informationen zu einem bestimmten Zeitpunkt mehr oder weniger relevant sind. Wenn ich am Bild hänge und kommentiere, was gerade auf dem Tisch passiert, blende ich andere Dinge aus. Aber es gibt innerhalb eines Matches ja auch Ruhephasen. Wenn zum Beispiel Peter Ebdon viermal um den Tisch herumgeht, weiß ich: Jetzt habe ich Zeit, einen Blick auf den anderen Tisch oder auf Twitter zu werfen. Das sind einfach Erfahrungswerte. Natürlich geht bei einer Liveübertragung auch mal was schief, ich verrenne mich irgendwo, verliere für einen Moment die Konzentration und weiß dann nicht mehr genau, was auf dem Tisch gerade Sache ist. Dann heißt es, die Ruhe zu bewahren und nicht in Panik zu geraten. Besser nichts sagen, als Unsinn zu reden. Und vor allem: möglichst schnell wieder ins Geschehen hineinfinden.

Auch mit technischen Problemen hat man als Kommentator hin und wieder zu kämpfen. Ich habe zum Beispiel schon mal eine Zeit lang kommentiert, war aber gar nicht zu hören, weil es ein Leitungsproblem gab. In solchen Situationen ist meine Online-Community besonders hilfreich, die mich sofort darauf aufmerksam macht. Kleine Fallstricke vor allem bei Turnieren in Großbritannien gibt es für ausländische Kommentatoren wie mich auch manchmal in Sachen Promi-Erkennung. Wenn unter den Zuschauern irgendwelche britischen Promis sitzen, nehmen die Kollegen von der BBC diese naturgemäß gerne groß ins Bild und ich hocke dann in Deutschland vor meinem Monitor und denke: „Meine Güte, wer ist denn das jetzt?", weil ich natürlich weiß, dass die deutschen Fernsehzuschauer genau das wissen wollen. In Großbritannien mag die vielleicht jeder Darsteller kennen, weil sie in einer populären TV-Serie mitspielen, aber ich kenne weder die Serie noch die Schauspieler. Das sind dann unangenehme Momente, für die ich den geneigten Zuschauer hiermit um Nachsicht bitte. Ich bin auf jeden Fall immer froh, wenn sich die britischen Kollegen auf Familienmitglieder oder Trainer der Spieler fokussieren, denn die erkenne ich.

Irgendwann ist dann die letzte Session des Tages gespielt und ich habe mich auf dem Sender verabschiedet – im besten Fall mit genügend Zeit und einem sauberen Countdown. Doch damit ist mein Arbeitstag noch nicht zu Ende, denn ich pflege ja noch unser Onlineangebot bei eurosport.de, das heißt, ich schreibe eine Tageszusammenfassung und sorge dafür, dass die Ergebnisse online gestellt werden. Das dauert in etwa noch eine halbe oder eine Dreiviertelstunde, dann ist das aktuelle Geschäft durch. Danach haben wir noch ein kurzes Debriefing, wo wir die Sendung Revue passieren lassen, besprechen, was gut war und was wir am nächsten Tag eventuell anders machen möchten. Und wenn das alles vorbei ist, beginnt die Vorbereitung für den nächsten Tag, dann bereite ich also die Unterlagen zu den Spielern vor, die wir am nächsten Tag im Programm haben. Etwa zwei Stunden nach der Sendung kann ich das Licht ausschalten und habe wirklich Feierabend. Das hört sich nach ungeheuer viel Stress an, aber ich betone immer wieder: Ich habe den tollsten Job der Welt. Ich darf den besten Snookerspielern der Welt über die Schultern sehen, darf darüber reden und werde sogar noch dafür bezahlt. Kann es etwas Besseres geben? Mein Hausarzt hat mir einmal erklärt, dass positiver Stress nicht schadet, sondern dem Körper sogar guttut. Das ist quasi so etwas wie ein besonderes Fitnessprogramm.

An dieser Stelle möchte ich ausdrücklich all die Kollegen würdigen, die für den Fernsehzuschauer weitgehend unsicht- und

-hörbar im Hintergrund agieren, ohne die meine Arbeit aber nicht möglich wäre. Sie alle müssen in den vielen Stunden, in denen ich kommentiere, an ihrem Arbeitsplatz ebenfalls aufs Höchste konzentriert sein. Das ist zum einen die Redaktion in Paris. In der Senderegie in Paris sorgt ein etwa achtköpfiges Team dafür, dass bei allen Zuschauern daheim ein sauberes Programm über den Bildschirm flackert. Und zum anderen sind es die Kollegen vor Ort von der Produktion. Mein größter Respekt gilt den Kameraleuten, die ausgesprochen fachkundig und größtenteils echte Künstler sind. Man denkt ja gemeinhin, Snooker sei eine eher langsame Sportart. Das stimmt aber nicht, denn es passiert ständig etwas auf kleinstem Raum. Die Kameraleute müssen darauf sofort in Eigenregie reagieren, denn der Regisseur im Ü-Wagen hat keine Zeit, dem Kameramann zu sagen: „Der spielt die Rote jetzt lang diagonal in die Tasche unten rechts", sondern das muss die Person hinter der Kamera selber sehen und dann sofort das entsprechende Bild anbieten. Neben den Kameraleuten sorgen, für alle unsichtbar, hinter den Kulissen und im Ü-Wagen außerdem der Regisseur und ein gutes Dutzend Kolleginnen und Kollegen dafür, dass ein Signal produziert und auf den Satelliten gebracht wird. Auch sie leisten großartige Arbeit.

DER PERSÖNLICHE STIL

Mir wird häufig gesagt, dass meine Stimme so angenehm klinge. Das ist sehr schön, aber nicht mein Verdienst, das habe ich dem lieben Gott und meinen Eltern zu verdanken. Eine Sprecherausbildung habe ich nie gemacht. Darüber hinaus habe ich aber im Laufe der Jahre versucht, meine eigene „Stimme", also einen individuellen Kommentatorenstil zu finden. Ich mache keinen Hehl daraus, dass ich von dem Sport, den ich kommentiere, fasziniert bin. Ich liebe Snooker und kommentiere dementsprechend auch mit sehr viel Leidenschaft. Wenn ich nicht mit ganzem Herzen dabei bin, wie soll ich dann meine Zuschauer über die vielen Stunden, die so ein Match dauert, mitreißen? In besonders spannenden und dramatischen Spielsituationen geht auch bei mir richtig die Post ab, dann rede ich durchaus mal eine Zeit lang im Stehen, weil ich auf diese Weise noch mehr Energie hineinlegen kann. Wenn ich vor Ort kommentiere, geht das allerdings nicht, denn die Bewegung in der Kommentatorenkabine könnte die Spieler am Tisch irritieren. Im Studio störe ich aber damit niemanden – nur das Kabel am Kopfhörer muss lang genug sein.

Obwohl ich stolz darauf bin, meinen eigenen, wiedererkennbaren Stil entwickelt zu haben, waren vor allem zwei geschätzte Kollegen, die leider beide inzwischen verstorben sind, meine Vorbilder. Den einen, Addi Furler vom WDR, lernte ich im Rahmen meiner Tätigkeit für die Deutsche Billard-Union kennen, wo ich von Verbandsseite aus die Übertragungen von ARD und ZDF mitbetreute. Wir arbeiteten über viele Jahre hinweg immer wieder zusammen und hatten einen sehr guten Draht zueinander. Von ihm habe ich mir einiges abgeschaut. Besonders beeindruckt hat mich, wie er seine Stimme einsetzte, um dem Gesagten eine besondere Bedeutung zu verleihen. Mein zweites Vorbild war der bereits erwähnte große britische Snookerkommentator Ted Lowe, ein Meister der akzentuierten Pause. Von Lowe stammt übrigens eine der schönsten Kommenatoren-Stilblüten überhaupt aus der Übergangszeit vom Schwarz-Weiß- zum Farbfernsehen: „Steve will Pink lochen – und für alle, die dies in Schwarz-Weiß sehen: Pink liegt neben Grün." Den typischen Flüsterton von „Whispering Ted" habe ich mir nicht angewöhnt, denn das geht sehr auf die Stimme (und außerdem verfügen die Kommentatoren ja inzwischen über eigene Kabinen), aber einige seiner anderen Stilmittel gefielen mir sehr. Ich habe sie nicht kopiert, aber versucht, für meinen eigenen Stil etwas daraus zu lernen. Und auch heute noch lerne ich ständig dazu, denn natürlich verändern sich im Laufe der Jahre Publikum und Sehgewohnheiten. Entprechend wichtig ist es, sich selber auch weiterzuentwickeln. In meinen Anfangsjahren war ich sehr darauf bedacht, möglichst seriös und ernst herüberzukommen, weil das damals eben der übliche TV-Stil war. Inzwischen erlaube ich mir zwischendurch auch mal eine flapsige Bemerkung. Großen Spaß macht es mir zum Beispiel, für gewisse Sachverhalte mehr oder weniger blumige Umschreibungen zu finden oder den Bällen eine Persönlichkeit anzudichten – eine Prise Humor kann bei einer drei- oder vierstündigen Übertragung nie schaden. Einige Hardcorefans sammeln diese Bonmots sogar und haben mir netterweise entsprechende Listen zugeschickt. Aber man darf es mit den Gags auch nicht übertreiben, denn es ist ja keine Rolf-Kalb-Show, sondern eine Snooker-Übertragung – im Vordergrund stehen immer die Spieler und das, was auf dem Tisch passiert.

Ein anderer Aspekt, bei dem Flexibilität angebracht ist, ist die Erklärung der Regeln. In den ersten Jahren habe ich in regelmäßigen Intervallen immer wieder die absoluten Snooker-Basics erklärt, also dass man abwechselnd Rot und eine Farbe locht usw. Das war damals nötig, denn es zappten viele Fernsehzuschauer bei uns rein, die von Snooker nicht die geringste Ahnung hatten. Diese Vermittlung von Basiswissen habe ich dann im Laufe der Jahre kontinuierlich zurückgefahren, weil viele dieser Zufallszapper inzwischen zu richtigen Fans geworden sind, die zu viel Regelerklärerei während eines Matches nervt. Trotzdem erläutere ich auch heute noch ab und an bei passender Gelegenheit grundsätzliche Regeln, weil ich weiß, dass immer neue Zuschauer hinzukommen, die ich natürlich in diesen wunderbaren Sport einführen möchte. Das mache ich aber nicht mehr als Regelblock, sondern situationsabhängig. Es gibt auch Fragen im Onlineforum, die immer wiederkehren, zum Beispiel: „Wo kommt eine Farbe hin, wenn der Spot blockiert ist?" Die Antwort kennen natürlich viele Snookerfans und so mancher verdreht wahrscheinlich die Augen, wenn ich mal wieder erkläre, wie Pink da unter den Spot gebastelt werden muss. Aber es gehört eben dazu, als Einführung für neue Zuschauer. Sonst würden solche Fragen ja nicht immer wieder aufs Neue gestellt, auch online.

Die Arbeit als Kommentator ist zu einem gewissen Grad auch ein Balanceakt. Der Daseinszweck des Kommentators ist zwar das Reden, aber man muss darauf achten, dass man es nicht übertreibt. Gelegentlich ist Schweigen das bessere Stilmittel, der Grat zwischen zu viel und zu wenig ist schmal. Manchmal, so hoffe ich zumindest, gelingt es mir ganz gut, die richtige Mischung zu treffen. Aber man ist eben nicht immer in Topform. Deshalb gibt es auch bei mir Tage, an denen ich diesen Balanceakt nicht so gut bewältige. Ich arbeite daran, dass diese Tage möglichst deutlich in der Minderzahl bleiben.

KAPITEL 7

MASTER OF CEREMONIES BEIM GERMAN MASTERS

Ein ganz besonderes Turnier ist für mich das German Masters in Berlin im Tempodrom. Zum einen ist es einfach toll, dass Deutschland sich eines solchen Events rühmen kann. Das German Masters ist nämlich ein sogenanntes volles Ranglistenturnier. In der Snookerwelt wird unterschieden zwischen Full Ranking und Minor Ranking Events – und das German Masters ist ein Full Ranking Event, also ein volles Weltranglistenturnier, und gehört damit sozusagen zur obersten Kategorie. Ein solches Schaufenster-Event ist für Snooker in Deutschland Gold wert, um den Sport einer breiteren Öffentlichkeit zu präsentieren.

Zum anderen herrscht beim German Masters immer eine ganz besondere Atmosphäre. Schon von außen beeindruckt das futuristisch anmutende Gebäude in Form eines Zirkuszelts, das geschichtsträchtig in unmittelbarer Nähe zur ehemaligen Mauer liegt. Innen sorgen das imposante hypermoderne Foyer in Betonoptik mit seinen hohen, schlanken Säulen sowie schummrig-rötliche Beleuchtung in den Gängen für ein ansprechendes Ambiente. Etwas Besonderes ist auch das sogenannte Set-up, der Aufbau der Tische: Der Haupttisch steht in der Mitte, die anderen Tische sind kreisförmig darum angeordnet. Das ist einzigartig. Als ich die Anordnung 2011 zum ersten Mal sah, war ich ungeheuer beeindruckt. Für das Publikum hat dieser Aufbau den Vorteil, dass man sich vor allem während der frühen Runden in die Nähe des Tisches setzen kann, dessen Match einen besonders interessiert. Man kann aber auch den Überblick über alle Matches behalten – wobei das auf Dauer natürlich anstrengend ist. Dieser Aufbau macht das German Masters unverwechselbar. Sieht man Bilder von anderen Turnieren, muss man meist grübeln, um welches Turnier es sich handelt; die Räumlichkeiten sehen recht ähnlich aus, nur die Farbe des Teppichbodens unterscheidet sich. Sieht man aber Bilder vom Tempodrom, erkennt man die Location auf Anhieb. Allerdings hat das Set-up auch einen Nachteil: An die Außentische kommt das Publikum sehr nah heran. Wenn die Zuschauer auf diesen Plätzen nicht äußerst diszipliniert sind, stört das die Spieler extrem. Zu den Störfaktoren gehört nicht nur intensives Quasseln mit dem Nachbarn, sondern auch ständiges Herumtippen auf dem Smartphone, weil die Bewegungen für Unruhe sorgen und so die Spielerkonzentration beeinträchtigen.

Für die einmalige Stimmung in Berlin ist aber in erster Linie das Publikum verantwortlich, das sich gut gelaunt auf das Geschehen einlässt, immer bereit ist mitzugehen. Diese Fans haben verstanden, dass sie Bestandteil der Show sind. In einer solchen Atmosphäre macht das Arbeiten natürlich Spaß, da kann auch ich als Moderator richtig Gas geben. Das ist beileibe keine Selbstverständlichkeit, bei manchen Exhibitions hat man schon mal den Eindruck, die Zuschauer säßen mit verschränkten Armen auf der Tribüne und würden denken: „Ich habe Geld dafür bezahlt, dass ich hier bin, jetzt seht mal zu, dass ihr mich unterhaltet." Solche Zuschauer zu knacken und in Fahrt zu bringen, dafür zu sorgen, dass sie auch mal bereit sind zu applaudieren, kann schon Schwerstarbeit sein. Aber in Berlin beim German Masters ist es immer das reine Vergnügen. Und auch die Spieler sind begeistert, denn die Stimmung im Saal überträgt sich auch auf sie und ihre Leistung. Shaun Murphy zum Beispiel ärgert sich jedes Mal, wenn er das One Table Set-up in Berlin nicht erreicht. Zum Halbfinale werden nämlich die Außentische abgebaut und es steht nur noch ein einziger Tisch in der Mitte der Arena. Shaun dazu: „Diese Atmosphäre ist unvergleichlich, die gibt es nirgendwo sonst auf der Welt." Allein schon die Zuschauerzahlen im Tempodrom sind für die Spieler nichts Alltägliches: Am Samstag und Sonntag, teilweise schon am Freitagabend, spielen sie vor ausverkauftem Haus, vor einem Publikum von 2000 bis 2500 Zuschauern. Das gibt es sonst nirgends auf der Tour. Im Vergleich dazu bietet das Crucible Theatre zur Weltmeisterschaft gerade mal 980 Plätze. Beim Masters kann man im Alexandra Palace in London, so wie die Tribünen 2018 aufgebaut wurden, etwa 1700 Zuschauer unterbringen. Aber ein Fassungsvermögen von 2500 gibt es in Europa kein zweites Mal. In China existieren natürlich größere Arenen, die allerdings nie ausverkauft sind. In der Saison 2016/17 fand in Hongkong ein Turnier vor 4000 oder 5000 Zuschauern statt, da muss nach allem, was ich gehört habe, eine fantastische Atmosphäre geherrscht haben. Aber ansonsten ist das German Masters im Berliner Tempodrom einzigartig, da bekommt jeder eine Gänsehaut.

MASTER OF CEREMONIES

Eine Ausnahmestellung hat das German Masters für mich auch deshalb, weil ich dort nicht nur als Kommentator tätig bin, sondern die gesamte Veranstaltung als Master of Ceremonies begleite. Das heißt, ich springe zwischen den beiden Aufgaben hin und her. (Das NDR-Medienmagazin *Zapp* hat mich deshalb in einem Beitrag über meine Arbeit einmal als „Medienphänomen" bezeichnet.) Ein paar Minuten vor dem Spiel bin ich mit dem Mikrofon in der Arena und betätige mich ein bisschen als Anheizer, als Stimmungsmacher, mache ein paar Witze, die mal mehr, mal weniger gut ankommen. Eine Standardübung ist es, die Zuschauer zu einem Probeapplaus aufzufordern – vorgeblich, damit der Toningenieur sich auf das einstellen kann, was ihn erwartet. Der wahre Grund ist allerdings, dass jemand, der schon einmal geklatscht hat, beim nächsten Applaus erfahrungsgemäß noch mehr Enthusiasmus zeigt.

Natürlich muss ich immer eine Reihe von Informationen und Hinweisen zur Veranstaltung weitergeben. Auch die Hausregeln über das Verhalten der Zuschauer dürfen leider nicht fehlen („Mobiltelefone ausschalten oder lautlos schalten" und anderes), obwohl das ja allen klar sein müsste. Das ist immer trockener Stoff, den ich versuche, möglichst humorvoll zu verpacken, damit niemand zu gähnen anfängt. Zum Schluss erkläre ich noch, wie die Vorstellung der Spieler ablaufen soll, woher sie kommen, was die Stichworte für das Publikum zum Applaus sind, und ich motiviere die Zuschauer, alles zu geben: Klatschen, Pfeifen, Trampeln – alles ist in diesem Moment erlaubt, denn Eurosport schaltet in der Regel unmittelbar vor der Vorstellung der Spieler live zu und da soll natürlich Stimmung rüberkommen. Dann stelle ich die Spieler vor und die Party kann beginnen. Manchmal baue ich im Rahmen meiner Interaktion mit dem Publikum auch außerplanmäßige Aktionen ein. Ich erinnere mich noch an eine besonders erfolgreiche: Judd Trump hatte den grünen Ball vom Tisch geschossen. Da er im Trump-typischen Tempo gespielt hatte, irrte die verstörte Grüne mit hohem Tempo über den Teppichboden und versuchte, sich unter eine Kamera zu flüchten. Dabei knallte sie aber leider vor den Metallfuß eines Kamerastativs und bekam eine Macke. Der Satz Bälle musste also ausgetauscht werden. Nachdem mich in der Pause mehrere Leute darauf angesprochen haben, ob sie nicht den beschädigten grünen Ball haben könnten, hatte ich eine Idee. Ich sprach das kurz mit dem Veranstalter und World Snooker ab und kündigte dann eine Art stille Auktion an: Wer den kaputten grünen Ball haben wollte, sollte einen Zettel mit seinem Gebot und seinen Kontaktdaten am Stand für die Merchandising-Artikel abgeben. Der Bieter mit dem höchsten Gebot am Ende des Finales würde den Ball bekommen, der komplette Erlös an die Philipp Lahm Stiftung gehen (Philipp Lahm, der frühere Kapitän von Bayern München und der deutschen Fußball-Nationalmannschaft, ist ein großer Snookerfan und besitzt sogar einen eigenen Tisch). Als ich dann nach dem Finale den Zettel mit dem Höchstgebot in die Hand gedrückt bekam, dachte ich erst, ich hätte mich verlesen: Über 1300 Euro hatte ein Brüderpaar geboten! Auch World Snooker war so beeindruckt, dass die beiden nicht nur die beschädigte Grüne bekamen, sondern gleich den ganzen Ballsatz samt Alukoffer und eine heile Grüne noch dazu.

„Master of Ceremonies" ist eine ziemlich hochtrabende Jobbezeichnung für einen Veranstaltungsmoderator. Da fragt sich vielleicht der eine oder andere: „Braucht man den überhaupt?" Die Zuschauer sind ohnehin im Bilde. Das sind ja alles Snookerfachleute, die kennen die Akteure. Ein Vorstellen der Spieler erübrigt sich da. Deshalb ist es in erster Linie nicht die Aufgabe eines Masters of Ceremonies zu informieren, sondern für eine gute Atmosphäre zu sorgen, die Zuschauer richtig in Stimmung bringen. Und der Moment, auf den man dabei hinarbeitet, ist die Vorstellung der Spieler. Dann soll der Hexenkessel wirklich explodieren, dann will man Gänsehautatmosphäre und das muss gut vorbereitet sein. Wenn man einfach nur sagen würde: „Hier kommen Spieler X und Y", gäbe es einen höflichen Applaus und das wärs dann. Dieses Knistern in der Luft zu kreieren, das ist die eigentliche Aufgabe des Masters of Ceremonies.

Bei der Vorstellung der Spieler nutze auch ich oft ihre englischen Spitznamen. Die Fans kennen sie. Alan Hughes hat als Master of Ceremonies angefangen, sich Spitznamen für die Spieler auszudenken, Rob Walker setzt diese Tradition heute fort. Manchmal ist ein Spitzname auch die Idee eines Journalisten. Oder man verwendet Spitznamen, die die Spieler von ihren Freunden oder anderen erhalten haben. Der Bruder von Kyren Wilson zum Beispiel hatte die Idee, ihn „Warrior" (Krieger) zu nennen. Das gefiel Kyren, und deshalb bat er, so vorgestellt zu werden. Das respektiert man natürlich. Manchen Spielern fehlen allerdings noch zündende Spitznamen. Ricky Walden ist so ein Fall. Früher hat Rob Walker ihn gerne „Marathon Man" genannt, weil er damals viel gelaufen ist. Irgendwann meinte Ricky dann, dass das nun wirklich nicht mehr passend sei. Aber eine andere zündende Idee, die auch Ricky gefallen würde, hat bisher noch niemand gehabt. Da muss man sich dann bei der Anmoderation etwas anderes einfallen lassen, zum Beispiel eine treffende Charakterisierung des Spielers. Manche Spitznamen sind allerdings ziemlich martialisch. Dass sich „Smiling Assassin" (lächelnder Mörder) für Anthony McGill nicht durchgesetzt hat, wundert mich nicht.

Sobald das Spiel richtig losgeht, die Spieler am Tisch sind, spurte ich in die Kommentatorenkabine, die sich gleich hinter der Bühne im Backstagebereich befindet. Dann schnell Kopfhörer aufsetzen und mit dem Kommentar loslegen. Dieser berufliche Spagat, den ich da hinlege, ist auch für Eurosport nicht ganz leicht, denn bei Beginn der Sendung muss ja ein Kommentator am Mikrofon sitzen, die Fernsehzuschauer begrüßen und die Einführung in die Sendung machen, während ich noch in der Arena stehe und moderiere. Das heißt, Eurosport muss immer dafür Sorge tragen, dass ein Kollege zur Verfügung steht, der sagt: „Hallo und herzlich willkommen, liebe Zuschauer, wir sind hier in Berlin beim German Masters", und die ersten drei bis fünf Minuten die ganze Einführung macht, bis das Spiel losgeht, ich in der Kommentatorenkabine angekommen bin und übernehme. In der Regel sitzt der Kollege (es kann natürlich auch mal eine Kollegin sein) nicht bei mir in der Kabine in Berlin, sondern in einem Studio irgendwo in Deutschland. Wenn ich bereit bin, kratze ich kurz am Mikrofon. Für die Zuschauer hört sich das wie eine kleine Tonstörung an, der Kollege weiß dann aber Bescheid und übergibt an mich. Erst bei der Siegerehrung und den Spielerinterviews, für die ich erneut frühzeitig aus meiner Kabine raus muss, übernimmt er wieder, um die letzten Minuten des

Spiels zu kommentieren. Das ist natürlich eine recht undankbare Aufgabe. Deswegen bin ich sowohl dem Sender als auch den Kollegen, die mich vertreten, sehr dankbar, dass sie dazu bereit sind, denn sonst könnte ich die Doppelrolle als Kommentator und MC vor Ort nicht ausüben.

Die Begrüßung der Zuschauer und die Vorstellung der Spieler sind natürlich das Highlight des Zeremonienmeisters. Außerdem führe ich nach dem Finale noch Interviews mit den Spielern und moderiere die Siegerehrung. Für die Halbfinals haben wir einen anderen Ablauf: Die Spieler kommen auf einem anderen Weg in die Arena, nehmen sozusagen ein Bad in der Menge. Für das Finale gibt es sogar einen noch längeren Einlauf. Dabei ist es meine Aufgabe, dafür zu sorgen, dass die Begeisterung über den gesamten Einlauf anhält. Die Kameras verfolgen die Spieler auf ihrem Weg und sollen möglichst viele begeisterte Fan einfangen, damit sich die elektrisierende Atmosphäre auch auf die TV-Zuschauer überträgt. Das müssen wir vorher proben. In diesen sogenannten Rehearsals wird die Schnittfolge erarbeitet: Welche Kamera liefert wann welches Bild? Wie stellt man sicher, dass man immer ein passendes Bild hat und die Kameras sich nicht gegenseitig im Weg stehen? Das Ganze muss zusätzlich mit Licht und Ton abgestimmt werden. Wenn alle präzise arbeiten, kann der Regisseur später während der Liveübertragung beinahe blind schneiden. Auch ich bin bei diesen Proben dabei, denn ich muss ja wissen, wo ich stehe und in welche Kamera ich moderiere. Da ich beim Moderieren keine Verbindung zum Ü-Wagen habe, muss ich außerdem meine Einsätze kennen (in der Regel bekomme ich dafür Zeichen von einem Kameramann). Und auch der Regisseur muss wiederum wissen, was ich sage und wie ich moderiere. Das sind Engländer, die kein Deutsch verstehen, also gibt es Signalworte, die dem Regisseur angeben, dass er jetzt auf ein anderes Bild schneiden muss. Das Gleiche gilt natürlich für die Interviews nach dem Finale und die Siegerehrung, auch das wird geprobt. Jeder muss in jedem Moment wissen, was er zu tun hat und was gerade auf dem Sender ist.

Mir macht es persönlich sehr viel Spaß, direkt vor Publikum und mit Publikum zu arbeiten, denn das ist eine ganz andere Arbeit als die des Kommentators. Kommentieren ist eine recht einsame Angelegenheit: Man redet vor sich hin und hofft, den Nerv des Publikums zu treffen, so zu kommentieren, wie die Fernsehzuschauerinnen und -zuschauer sich das wünschen. Aber eine direkte Rückmeldung erhält man nicht. Bei mir ist das inzwischen dank der Online-Community ein bisschen anders, da bekomme ich schon ein gewisses Feedback. Die Livemoderation ist trotzdem eine ganz andere Nummer: Wenn man vor einem Publikum steht, vor ein paar tausend Zuschauern in der Halle, spürt man sofort, ob man ankommt, ob das Publikum mitgeht oder nicht. Das hat einen ganz anderen Charakter und ist das, was mich an der Arbeit als Conférencier so reizt.

Normalerweise wissen TV-Zuschauer ja nicht unbedingt, wie ich aussehe, sondern kennen nur meine Stimme. In Berlin ist dies anders, hier komme ich in direkten Kontakt mit den Fans, was ich sehr schön finde. Wenn ich zwischen den Matches oder im Midsession Interval im Tempodrom herumlaufe oder vor die Tür gehe, um eine Zigarette zu rauchen, werde ich häufig angesprochen. Soweit die Uhr es zulässt, bin ich immer bereit, mich mit Snookerfans zu unterhalten, oder stehe für Selfies zur Verfügung. Die Zeit nehme ich mir gern.

Das German Masters im Tempodrom ist inzwischen für mich wie ein Heimspiel, ich kenne hier fast jeden Winkel. Dazu hat mein britischer Kollege David Hendon in der Zeitschrift *Snooker Scene* einmal einen launigen Bericht geschrieben, nachdem er zum ersten Mal in Berlin vor Ort war. Er hatte wohl mit der Akkreditierung etwas Mühe und wollte schon (frei nach dem Bonmot eines anderen britischen Journalisten) fragen: „Sprechen Sie Englisch oder muss ich schreien?" Dann aber, so David weiter, „kam Rolf". Ich kam durch Zufall vorbei und wollte David begrüßen. Da habe ich dann kurz gedolmetscht, damit die Akkreditierung geregelt war, und ihn ein bisschen durch das Tempodrom geführt. David weiter: „Rolf machte dann mit mir eine Tour durch das Tempodrom. Rolf kennt hier jeder. Für ihn öffnen sich alle Türen. Um lächerliche Kleinigkeiten wie Akkreditierungen muss er sich gar nicht kümmern." Ich habe mich köstlich amüsiert – und natürlich über die nette Erwähnung gefreut.

Dass ich beim German Masters als Master of Ceremonies moderiere, war eigentlich eine logische Entwicklung. Erste Moderationserfahrung bei Veranstaltungen hatte ich schon zu Beginn der 90er-Jahre gesammelt, allerdings in anderen Sportarten. Zum Beispiel moderierte ich damals öfter Kampfsportabende, auch in großen Hallen wie der Europahalle in Karlsruhe, in der Grugahalle in Essen oder auch in Berlin. 2005 habe ich dann in Fürth mit dem heutigen Paul Hunter Classic zum ersten Mal ein Snookerturnier moderiert. Als Dragonstars anfing, größere Exhibitions in Deutschland auf die Beine zu stellen, war ich sofort mit im Boot. Sie kannten mich mittlerweile und auch für viele Fans war ich aufgrund der stundenlangen Übertragungen beinahe schon so etwas wie ein Familienmitglied. Weiter ging es dann mit kleinen Turnieren wie bei der World Series of Snooker. Deshalb gab es für den Job beim German Masters auch niemals einen anderen Kandidaten.

Die Doppelrolle als Kommentator und MC war völlig neu für mich, aber Sprünge ins kalte Wasser ziehen sich eigentlich durch mein ganzes Berufsleben. Ich denke dann immer: „Mal gucken", ohne zu wissen, ob ich das wirklich kann oder nicht. Bisher ist alles glücklicherweise immer gut gegangen.

Eine Frage, die sehr häufig gestellt wird, ist die nach dem Lampenfieber. Was mich betrifft, so würde ich es nicht Lampenfieber nennen, aber eine gewisse Anspannung ist schon da, egal ob ich als Kommentator am Mikrofon sitze oder als Master of Ceremonies in die Arena gehe. Anspannung ist ganz einfach notwendig, um ein bestimmtes Konzentrationsniveau zu erreichen. Unmittelbar bevor es losgeht, strecke ich meinen Körper und drücke die Hände fest zusammen. Das powert mich noch mal ein bisschen auf. Vom allerersten German Masters im Tempodrom 2011 habe ich ja bereits in Kapitel 2 berichtet. Da war natürlich schon eine gewisse Nervosität vorhanden. Es war ja schließlich nicht nur die Premiere des German Masters, sondern auch das erste Mal, dass ich mich in dieser Doppelrolle versuchte. Des Öfteren werde ich auch gefragt, ob ich mir die Moderationstexte vorher aufschreibe. Nein, mache ich nicht, sondern auch da spreche ich frei. Ich habe natürlich ein paar Ideen, bestimmte Versatzstücke im Hinterkopf, aber was ich sage, ist eigentlich immer spontan. Auch die Gags sind meistens nicht vorbereitet, sondern spontane Ideen. Wenn beim German Masters fünf Tische oder in Fürth beim Paul Hunter Classic zehn Tische bespielt werden, dann habe ich beim Anmoderieren allerdings einen Zettel mit den Paarungen dabei, denn diese habe ich nicht alle im Kopf. Aber wenn es nur ein Tisch ist, dann sage ich mir: „Rolf, das musst du schon schaffen, die Namen von zwei Spielern und die Infos dazu im Kopf zu behalten." Ich habe eine ungefähre Vorstellung, wie ich die Spieler anmoderieren will, der Rest ist Improvisation. Der Albtraum eines jeden Moderators, eines jeden Masters of Ceremonies, ist dem armen Rob Walker bei der WM 2010 passiert. Der Hintergrund: 2010 war geplant, anlässlich des 25-jährigen Jubiläums des bereits mehrfach erwähnten legendären WM-Finales von 1985 zwischen Steve Davis und Dennis Taylor die beiden noch einmal in einem Show-Frame gegeneinander antreten zu lassen. Dieses Event war während der WM ständig im Gespräch und gerade war die Show geplant und besprochen worden, Rob hatte das also im Hinterkopf. Als er dann Steve Davis für ein ganz normales aktuelles WM-Match anmoderieren musste, listete er dessen Verdienste auf und schloss dann enthusiastisch mit: „Ladies and gentlemen, he's a legend, he's – Dennis Taylor!" Danach hätte Rob sich am liebsten in einem Loch verkrochen, ich habe richtig mit ihm mitgelitten. Steve nahm es mit sehr viel Humor, kam dann zur nächsten Session mit einer Brille à la Dennis Taylor in die Arena. Aber das ist der Gau eines jeden Kommentators oder Moderators. Auch ich bin natürlich nicht frei von solchen Ängsten; einen Blackout kann man immer haben und wenn er kommt, dann garantiert im falschen Moment. Um dafür gewappnet zu sein, habe ich aber für alle Fälle immer einen Zettel mit den Namen der Spieler im Jackett – obwohl ich frei moderiere. Wenn ich wirklich einmal einen Blackout haben sollte, brauche ich nur ins Jackett zu greifen und den Zettel herauszuziehen. Zu wissen, dass ich diese Krücke in der Jacketttasche habe, bewirkt hoffentlich, dass ich sie nie brauchen werde.

Neben mentalen Blackouts und Versprechern gibt es aber auch andere Dinge, die schiefgehen können. Bei den Ruhr Open in Mülheim an der Ruhr, damals ein Event der European Tour, habe ich dummerweise einmal versucht, den klassischen Showmaster zu spielen, das heißt, das Publikum zu begrüßen, während ich die Treppe von der Tribüne zur Arena herunterstieg, ganz elegant wie früher die Showmaster à la Rudi Carrell auf der Showtreppe. Das lief auch zunächst ganz gut – bis ich zur letzten Stufe kam, die ich leider übersah. Und da lag der Moderator plötzlich in voller Länge vor dem Publikum auf dem Boden. Meine Lehre daraus: Ab sofort keine Moderationen mehr mit Treppe, sondern immer schön mit beiden Beinen auf dem Boden bleiben.

TURNIERVORBEREITUNGEN

Das German Masters beginnt traditionell am Mittwoch, das heißt, im Prinzip muss am Dienstag alles stehen. Man beginnt also am vorhergehenden Wochenende mit dem Aufbau, möglichst am Samstag, das hängt auch immer davon ab, welche anderen Veranstaltungen noch im Tempodrom stattfinden. Es hat aber auch schon mal den Fall gegeben, dass das Rigging Team erst am Montag starten konnte, da war natürlich Nachtarbeit angesagt. Aber diese toughe Crew haut, wie gesagt, so leicht nichts um. Es geht los mit dem Rigging für die Arena, bei dem die Stahlträger, die Stahl-Riggs, an der Decke angebracht werden müssen für die Beleuchtung, die Kameras usw. Das muss alles erst sicher hängen, bevor man darunter in der Halle arbeiten kann. Dann kommt der Aufbau der Tische: als Erstes die Trainingstische, damit die Spieler, die schon frühzeitig anreisen, bereits Trainingsmöglichkeiten haben. Den Aufbau der Turniertische habe ich ja bereits ausführlich in Kapitel 6 beschrieben. Am Tag vor Turnierbeginn sollten die Tische eigentlich alle stehen, denn so ein Tisch muss sich einen knappen Tag lang „setzen" können. Dann wird nochmals nachgemessen, ob alles in Ordnung ist, ob sich vielleicht irgendetwas verschoben hat, was man noch ein bisschen nachregulieren muss. Außerdem wird die Beleuchtung über den Tischen angebracht, die ganze Übertragungstechnik installiert. Diese Aufbauarbeiten in der Arena nehmen mehrere Tage in Anspruch. Gleichzeitig muss auch hinter den Kulissen alles vorbereitet werden: die Küche für das Team, das Catering, die Verkaufsstände für das Merchandising, die Kasse usw. Auch das dauert mehrere Tage und erfordert sehr viel Koordination mit den Verantwortlichen des Tempodroms. Und danach müssen die Kollegen von World Snooker, von der Turnierdirektion, noch ihre ganze Technik für die Kommunikation untereinander verlegen. Für das Live Scoring werden Monitore, die die Spielstände anzeigen, aufgebaut und mit Computern vernetzt. Das machen, wie schon erwähnt, keine speziellen Techniker, sondern die Turnierdirektoren selbst.

Wie meine Vorbereitungen als Kommentator aussehen, habe ich ja bereits geschildert. Wenn das Turnier am Mittwoch beginnt, bin ich spätestens Dienstagmittag da, um zu überprüfen, ob meine Kommentatorenkabine schon aufgebaut ist und alle benötigten Anschlüsse vorhanden sind. Auch wir bei Eurosport haben nämlich kein großes Technikerteam, sondern ich bin als Kommentator selber dafür verantwortlich, dass meine Position korrekt aufgebaut ist und funktioniert. Wenn die Anschlüsse nicht zugeordnet werden können oder wir den Anschluss 30 m weiter entfernt brauchen, muss ich unter Umständen noch einen Techniker der Telekom auftreiben. Bis zum späten Nachmittag ist dann hoffentlich alles Technische für den Kommentar vorbereitet und auch die Verbindung zum Ü-Wagen steht – ich habe also Bild und Ton und auch die Kommunikation funktioniert in alle Richtungen. Das wird zunächst intern ausgetestet, dann setze ich mich mit Eurosport in Verbindung und sage: „Okay, hier steht und läuft alles, lasst uns bitte einen Test machen." Es folgt ein ausgiebiger Leitungstest, der unter Umständen zehn, fünfzehn Minuten dauert, und erst wenn danach grünes Licht gegeben wird, bin ich sendebereit. Dann habe ich (hoffentlich) Zeit, die Spieler noch ein bisschen beim Training zu beobachten oder mit ihnen sogar einige Worte zu wechseln.

BACKSTAGEBEREICH

Bei jedem Turnier braucht man natürlich auch einen Backstagebereich. Das ist ein Raumkomplex unterhalb der Tribüne, der neben der Players Area auch das Büro der Turnierdirektoren und das Büro des Veranstalters beherbergt, sodass man auf kurzem Wege miteinander kommunizieren kann, der Turnierdirektor auch sieht, ob Spieler und Schiedsrichter da sind. Zur Players Area haben die Spieler, ihre Begleiter, die Schiedsrichter und die Offiziellen Zutritt. Auch die Kommentatoren dürfen dorthinein, und ich als Master of Ceremonies sowieso. Die Trainingstische stehen ganz in der Nähe, sodass die Spieler kurze Wege haben. Die Players Lounge selber, wo die Spieler sich aufhalten können, ist mit ein paar Sofas und Tischen möbliert und es gibt eine Ecke mit Kaffeemaschine, Kühlschrank und Getränken. Da herrscht die ersten Tage über, wenn noch viele Spieler im Turnier sind, immer viel Betrieb. Ein Helfer ist praktisch den ganzen Tag damit beschäftigt, Kaffee zu kochen und die Leute mit Kaffee und Tee zu versorgen. Mineralwasser kann sich jeder bei Bedarf aus dem Kühlschrank nehmen; wer etwas anderes trinken will, muss sich das selber mitbringen. Einige Spieler stehen zusammen und unterhalten sich, andere beschränken den Kontakt zu den Kollegen auf die Begrüßung. Da ist jeder anders, je nach Typ. Anders als im Crucible Theatre haben die Spieler im Tempodrom nicht jeweils eine eigene Garderobe. Alle hocken in der Players Lounge, auch im Midsession Interval (falls sie die Pause nicht am Trainingstisch verbringen). Und in der Lounge herrscht immer Trubel. Wer seine Ruhe haben will, schnappt sich einen der Stühle im Bereich der Trainingstische und setzt sich dort in irgendeine Ecke. Da hockt er dann inmitten der leeren Kisten für das Equipment, die dort auch gelagert werden. Das hat eher Baustellen-Charme. Aber jeder weiß: Wenn da einer in der Ecke hockt, dann will er seine Ruhe haben, und das respektiert dann auch jeder. Es passiert aber relativ selten, dass sich jemand derart abkapselt. Viele Spieler reisen mit ihren Partnerinnen oder Ehefrauen an oder haben einen Freund dabei und verbringen mit ihnen die freie Zeit zwischen den Sessions oder Matches. Die Spieler kommen in der Regel schon in „Arbeitskleidung" im Tempodrom an, denn die Mehrzahl wohnt in einem Hotel, das direkt gegenüberliegt, das sind nur ein paar Schritte über die Straße. Die meisten Schiedsrichter ziehen sich hingegen im Tempodrom um. Nicht alle Unparteiischen sind in dem Hotel gegenüber untergebracht und wenn man einen längeren Weg hat, muss man sich dafür ja nicht unbedingt in Schale werfen. Außerdem springen viele Schiedsrichter nach ihrem Match gerne sofort in ihre Zivilklamotten. Ständig die Krawatte oder die Fliege um den Hals zu haben, ist nicht jedermanns Sache. Ich selber komme immer schon im Anzug beziehungsweise am Schlusstag im Smoking in die Halle.

Spätestens eine halbe oder Dreiviertelstunde vor Matchbeginn sollte man als Spieler schon da sein, um sich auf dem Trainingstisch noch etwas einzuspielen. Von der Tribüne aus gesehen hängt hinter den Tischen ein großer schwarzer Vorhang – diejenigen, die schon mal im Tempodrom waren, wissen, was ich meine – und hinter diesem Vorhang befindet sich der Trainingsbereich. Dort sind an den ersten Tagen vier Trainingstische aufgebaut, an denen die Spieler trainieren können. Die Trainingszeiten sind geregelt: Termine werden im Halbstundenrhythmus vergeben, im Turnierbüro liegt eine Liste aus, wo die Spieler sich eintragen müssen. Wer nicht zur eingetragenen Zeit kommt, hat Pech gehabt, dann steht der Tisch einem anderen zur Verfügung. Kommt es bei den Wunschterminen zu einer Kollision, dann hat der Spieler Vorrang, der an diesem Tag noch ein Match hat.

Kurz vor dem Match spielen die Akteure sich am Trainingstisch ein. Da hat jeder Spieler seine eigene Routine, um die Konzentration aufzubauen. Ich vermeide es normalerweise die Spieler kurz vor dem Match anzusprechen, weil ich sie in dieser Konzentrationsphase nicht stören will, erlebe gelegentlich aber, dass Spieler mich ansprechen und ein Schwätzchen halten wollen – vielleicht, um ein wenig die Nervosität abzubauen.

Neben der Players Area befinden sich auf der anderen Seite des Tempodroms noch der VIP-Bereich mit eigener Bar, wo die VIP-Gäste verpflegt werden, und das Media Center für die Medienvertreter, vor allem für die schreibenden Kolleginnen und Kollegen. Und es gibt eine Küche für das Team-Catering sowie einen Raum, wo die Teammitglieder, die von morgens bis abends im Einsatz sind, versorgt und verköstigt werden.

FREIWILLIGE

Ein Turnier wie das German Masters hat selbstverständlich viele unbesungene Helden, zum Beispiel die Stewards im Tempodrom, die nicht nur für Ordnung und Sicherheit sorgen, sondern den Besuchern mit Rat und Tat zur Seite stehen, wenn sie Fragen oder Probleme haben. Aber eine ganze Reihe von weiteren Aufgaben wird auch von Freiwilligen übernommen. Schließlich müssen in der Teamküche Speisen zubereitet werden, im VIP-Bereich zwei Kräfte hinter der Bar stehen, der Merchandisingstand und die Kasse sowie der Akkreditierungsbereich besetzt sein, Helfer zwischen den Matches für frische Handtücher und Wasser an den Tischen sorgen und so weiter – es gibt sehr, sehr viele Dinge, die erledigt werden müssen, damit alles rund läuft und sowohl die Besucher als auch die Spieler sich wohlfühlen. Die Helferinnen und Helfer erhalten einen Reisekostenzuschuss und vielleicht ein kleines Taschengeld für ihre Verpflegungsmehrkosten, das Hotel wird gestellt, aber ansonsten arbeiten sie umsonst, opfern ihre Freizeit, ihren Urlaub, und sind dann fünf Tage lang mit allergrößter Motivation und allergrößtem Engagement im Einsatz. Das ist eine starke Leistung, ohne diese Freiwilligen gäbe es eine solche Veranstaltung wie das German Masters nicht und erst recht nicht auf diesem Niveau. Das wäre mit hauptamtlichen Kräften gar nicht finanzierbar. Von daher gebührt denjenigen, die als Freiwillige arbeiten, ein ganz, ganz dickes Dankeschön und sehr viel Respekt. Wir alle, die wir jedes Jahr das German Masters genießen, müssen uns darüber im Klaren sein, dass es ohne ihre Hilfe das Turnier nicht gäbe. Wer übrigens Lust hat, sich diesen Stress selber einmal anzutun, sollte sich über snookerstars.de mit dem Veranstalter in Verbindung setzen. Es ist sicherlich eine besondere Erfahrung und die Stimmung im Helferteam ist immer toll. Zu den Freiwilligen, die in Berlin im Einsatz sind, gehört übrigens auch meine Frau. Da wir (obwohl schon seit über 30 Jahren verheiratet) gern Zeit miteinander verbringen, begleitet sie mich zum German Masters, hat aber keine Lust, von morgens bis abends Snooker zu schauen, während ich kommentiere und moderiere. Deshalb arbeitet sie seit einigen Jahren im Team der Freiwilligen mit und ich freue mich, dass wir an diesen Tagen zumindest gemeinsam frühstücken und uns in den Pausen und abends sehen können.

Eine schöne Besonderheit in Berlin, die sich inzwischen schon zur Tradition entwickelt hat, ist das sogenannte Helferessen am Dienstagabend. Die Firma Dragonstars lädt dann alle Freiwilligen zu einem Abendessen in einem Restaurant in der Nähe ein. So verbringen alle noch einen gemütlichen gemeinsamen Teamabend, bevor es am Mittwoch Ernst wird.

KAPITEL 8

FANS UND ONLINE-COMMUNITY

Hunderttausende Zuschauer verfolgten 2018 das WM-Finale zwischen Mark Williams und John Higgins. Snooker ist in Deutschland ein TV-Quotengarant, Eurosport hat langfristige Verträge abgeschlossen (einen bis 2026 geltenden Zehnjahresvertrag, eine außergewöhnlich lange Vertragslaufzeit), um sich die Übertragungsrechte zu sichern, die Anhängerschaft ist treu und wächst kontinuierlich. Aber wer sind die Menschen, die sich in diesen erst auf leisen Sohlen daherkommenden, letztlich aber hochdramatischen Sport verliebt haben? Gerade wenn ich vor Ort bei Exhibitions oder Turnieren bin, fällt mir jedes Mal auf, wie breit gefächert hier in Deutschland die Fanbasis ist: Jung und Alt, Männer und Frauen, unterschiedlichste soziale Schichten – der Snookervirus kann jeden infizieren. Ich habe zwar keine Zahlen, die das statistisch belegen, aber die hiesige Fangemeinde kommt mir wie ein Spiegelbild unserer Gesellschaft vor. Ich weiß noch, wie ich vor einigen Jahren beim German Masters in dieser Hinsicht einmal ziemlich ins Fettnäpfchen getreten bin. Als Master of Ceremonies wollte ich das Publikum vor dem Match etwas auflockern und zum Applaus animieren, damit „unser Tontechniker sich darauf einstellen" konnte (siehe dazu oben). Ich forderte die Zuschauer also auf: „Lasst doch mal so einen richtigen Applaus hören." Es wurde brav applaudiert, woraufhin ich meinte: „Das klingt jetzt so, als hätte ich eine Kultursendung bei arte angekündigt. Eigentlich wollte ich einen richtigen Tempodrom-Snookerapplaus." Das gab natürlich Lacher und ich bekam meinen Tempodrom-Snookerapplaus. Was ich aber nicht wusste: Im Publikum saß ein Kulturredakteur der *FAZ*, der von diesem Witz ganz und gar nicht begeistert war. Er sprach mich später extra darauf an. Zum Glück war er nicht wirklich verärgert. Ich will damit nur sagen: Das Spektrum ist bunt – und das finde ich so ungemein faszinierend.

Genauso gefällt mir, dass sich das Interesse des deutschen Publikums nicht nur auf einige wenige Spieler konzentriert, was zum Teil auch damit zu tun hat, dass es keine deutschen Spieler auf Weltklasseniveau gibt. Eine Frage, die häufig gestellt wird, lautet: „Wie würde sich Snooker in Deutschland entwickeln, wenn wir einen Boris Becker oder eine Steffi Graf des Snooker hätten?" Selbstverständlich würde die Popularität des Sports enorm ansteigen, daran besteht kein Zweifel. Aber wir sehen auch, was im Tennis passiert ist: Zur Zeit der großen deutschen Tennisstars Becker, Graf und Stich ging der Sport hier durch die Decke und Deutschland wurde zu einer richtigen Tennisnation. Dann aber endeten die Karrieren dieser Spieler naturgemäß und was passierte? Das Interesse an Tennis brach vollkommen zusammen. Plötzlich übertrugen Sender, die vorher keinen Ballwechsel verpasst hatten, kein einziges Turnier mehr, es gab einen Popularitätsrückfall auf den Stand, bevor diese großen drei die Bühne betreten hatten. Insofern bin ich froh, dass das Interesse an Snooker nicht an einem bestimmten Spieler hängt, der zufälligerweise einen deutschen Pass hat, sondern dass der Sport selber die Menschen in den Bann zieht. Ich halte das für eine viel gesündere Fanbasis. Natürlich gibt es sehr viele Ronnie-O'Sullivan-Fans, aber auch ohne Ronnie füllen sich die Hallen und die Zuschauer schalten den Fernseher ein. Wie gut das begeisterungsfähige deutsche Publikum bei den Spielern ankommt, habe ich ja schon im vorigen Kapitel erwähnt. Stephen Maguire hat die Zuschauer hier zum Beispiel mal als „enthusiastisch, kenntnisreich und fair" beschrieben – besser könnte ich es auch nicht ausdrücken. Snooker ist zwar ein Konzentrationssport, aber Spieler wissen eine tolle Atmosphäre zu schätzen; das beflügelt sie und spornt sie zu besseren Leistungen an. Es gibt nichts Schlimmeres für Topspieler, als wenn sie vor halb leeren Rängen spielen und eine tote, sterile Atmosphäre herrscht.

Die Reaktionen beim German Masters 2017 charakterisieren das deutsche Publikum sehr gut. Gewonnen hatte damals Anthony Hamilton. Nun ist der „Sheriff of Pottingham" nicht gerade ein glitzernder Star, der Massen anlockt und die Veranstaltungskassen klingen lässt. Ich machte mir schon Sorgen, ob wir am Ende des Finales und bei der Siegerehrung die übliche begeisterte Atmosphäre erleben würden. Aber diese Bedenken erwiesen sich als absolut überflüssig! Das Publikum im Tempodrom feierte Anthony frenetisch. Der Hintergrund: Hamilton ist seit 1991 Profi, hatte bis dato aber noch nie ein Turnier gewonnen. Als er 2016 seinen Platz auf der Main Tour verlor, schien seine Karriere beendet. Er schaffte aber umgehend über die European Tour die Rückkehr und wenige Monate später wurde vollkommen überraschend der Traum eines

Turniersiegs wahr. Das Publikum im Tempodrom wusste um diese besondere Geschichte und feierte Hamilton dafür umso mehr. Ich war so stolz auf die Sportlichkeit, die Fairness und die Empathie der Fans. Auch Anthony, der sonst eher distanziert ist, konnte die Tränen nicht zurückhalten.

Natürlich kommt es bei Veranstaltungen, bei denen ich vor Ort bin, egal ob Turniere oder Exhibitions, auch zu vielen persönlichen Begegnungen mit Fans, was ich sehr genieße. Manche Stammgäste treffe ich immer wieder. In Berlin ist zum Beispiel regelmäßig ein Ehepaar dabei, das mir jedes Jahr eine Packung Schokokonfekt schenkt, was ich unheimlich nett finde. Einmal habe ich bei einer Anmoderation im Tempodrom gesagt: „Bitte die Handys ausschalten und wessen Handy klingelt, der muss heute Abend eine Runde für alle Anwesenden ausgeben." Prompt klingelte ein Handy. Am Tag darauf kam ganz schuldbewusst eine Dame auf mich zu und outete sich als die Übeltäterin. Alle Zuschauer einladen konnte sie natürlich nicht, überreichte mir aber als Entschuldigung eine Flasche Wein. Eigentlich hätte ich das Präsent an die Spieler weitergeben sollen, denn sie sind ja gestört worden, nicht ich, aber gefreut habe ich mich trotzdem.

Im Mutterland Großbritannien haben sich ja viele Prominente als Snookerfans geoutet. Das gibt es auch bei uns in Deutschland, wenngleich nicht im selben Ausmaß. Philipp Lahm ist bei Weitem nicht der einzige Topfußballer, der Snookerfan ist. Biathlet Michael Greis ist ein weiterer Spitzensportler, der versucht, so viel Snooker wie möglich zu schauen. Sänger Max Mutzke hat einmal im *ZDF-Morgenmagazin* gestanden, dass man ihn während der Snooker-WM nicht anrufen darf. TV-Entertainer Hugo Egon Balder hat sich in *Genial daneben* auch mal als Snookerfan geoutet. Angelo Kelly von der Kelly Family war in Berlin sogar einmal für eine Session zu Gast bei mir in der Kommentatorenkabine. Und ich kann mir gut vorstellen, dass die Dunkelziffer an prominenten Snookerfans hierzulande ziemlich hoch ist.

ONLINE-COMMUNITY

Ein ganz großer Teil und auch eine Besonderheit meiner Arbeit ist der interaktive Austausch mit den Fans in der Online-Community, die ich betreibe. Entstanden ist das Ganze eigentlich aus Versehen, vor etwa 14 Jahren während einer Übertragung. Beim Kommentieren aus dem Studio hat man die Möglichkeit, sich auf einen zweiten Monitor ein anderes Bild zu legen. Normalerweise sieht man auf dem Hauptmonitor das sogenannte Produktionsbild, also das Bild, das auf den Satelliten abgestrahlt wird und am Ende beim Fernsehzuschauer ankommt. Allerdings fehlt da noch eine Reihe von Einblendungen, die Sie zu Hause sehen, die aber für die Kommentatoren unerheblich sind. Dazu gehören zum Beispiel das Senderlogo oder auch eventuelle Schriftbänder, die durch das Bild laufen. Und auf dem anderen Monitor läuft das sogenannte Rückbild – das ist genau das Bild, das die Zuschauer zu Hause auch sehen, also das Produktionsbild mit den zusätzlich eingeblendeten Elementen. Ich hatte damals auf jeden Fall das Rückbild auf dem zweiten Monitor und sah dort plötzlich folgendes Schriftband vorbeiziehen: „Fragen zum Snooker? Fragen Sie Ihren Kommentator Rolf Kalb." Ich fand das hochinteressant, denn mit mir hatte niemand darüber gesprochen. Als ich vorsichtig bei den Kollegen nachfragte, meinten die: „Ach du jemine, war das etwa auf dem Sender?" „Muss wohl", antwortete ich, „sonst hätte ich es ja nicht gesehen." Es stellte sich heraus, dass das Schriftband nur ein Test hätte sein sollen, der aber versehentlich gesendet worden war. "Okay", dachte ich, „Versehen hin oder her, das Ding ist jetzt mehrfach über den Sender gelaufen, irgendwas müssen wir machen." So fing ich an, interaktive Kanäle aufzubauen. Der erste Versuch lief über eine Mailadresse, was aber fürchterlich in die Hose ging, denn nach drei Tagen hatte ich über 500 unbeantwortete Mails im Postfach. Das konnte ich nebenher unmöglich leisten. Danach versuchten wir es mit verschiedenen Plattformen im Internet. Die erste war ein einfaches Message Board, auf das jeder seine Nachricht schreiben konnte und bei dem alle Beiträge untereinander angezeigt wurden. Da war es mir durchaus möglich, auf Fragen zu antworten. Aber das Problem dabei war: Jeder konnte Nachrichten verfassen, leider aber unter jedem selbst gewählten Namen. Das war natürlich eine Einladung für Trolle. Plötzlich gab es viele mit dem Namen Rolf Kalb und nicht alle schrieben Nettes. Wir brauchten also mehr Identitätsschutz. Aus diesem Grund wechselten wir auf ein klassisches Internetforum mit Registrationspflicht.

Irgendwann war auch unser Forum auf Internetplattformen nicht mehr ausreichend gegen Missbrauch geschützt. Deswegen sind wir vor einigen Jahren zu Twitter umgezogen, wo es mir innerhalb kurzer Zeit gelungen ist, eine Community aufzubauen, die hervorragend funktioniert und wo alle sehr rücksichtsvoll und fair miteinander umgehen – im Internet beileibe keine Selbstverständlichkeit. Wie viele User sich heute an der Community beteiligen oder zumindest mitlesen, kann ich zum jetzigen Zeitpunkt nicht sagen. Es mag da vielleicht Analyse-Tools geben, aber damit kenne ich mich nicht aus. Immerhin haben wir es schon oft geschafft, dass unser Hashtag in den Trendlisten von Twitter Deutschland auftauchte. Ich war am Anfang ein absoluter Twitter-Neuling, hatte vorher keinen einzigen Blick hineingeworfen und keine Ahnung, wie es funktioniert, was da gemacht, wie das gehandhabt wird. Aber durch die Hilfe einiger erfahrener User gelang es mir, mich relativ schnell in das Medium einzuarbeiten und zu lernen, wie man es nutzt. Diese User sind auch heute noch sehr aktive Mitglieder der Community und stehen uns immer mit Rat und Tat zur Seite. Ohne sie hätte das Ganze nicht funktioniert.

Auf Twitter benötigt man ja einen Hashtag. Damals, als wir die Community aufgezogen haben, galt noch die Begrenzung auf 140 Zeichen, sodass der Hashtag kurz sein sollte, damit möglichst viele Zeichen für den Text zur Verfügung standen. Außerdem sollte es natürlich ein Hashtag sein, der etwas mit Snooker zu tun hatte, und er sollte unverwechselbar sein. Wir hatten da eine Reihe von Ideen, aber „Eurosport-Snooker" und „snooker.de" wurden schon in anderen Ländern verwendet und waren vor allem auch relativ lang. Schließlich sind wir in der Community auf das etwas kryptische „#147sf" verfallen. „147" wie das Maximum Break kennt jeder Snookerfan und „sf" steht für Snookerfan, Snookerfreak, Snookerfreund, Snookerforum, wie auch immer man sich das merken will. Das ist kurz, das ist prägnant, das kann ich auch auf dem Sender kurz mal nennen. Und es ist vor allem einzigartig. Also für alle, die Lust haben, Mitglied unserer Twitter-Community zu werden: einfach mal bei Twitter nach #147sf suchen und reinschauen. Und falls jemand neu auf Twitter ist: In der Community trifft man immer auf Leute, die einem helfen sich zurechtzufinden; einfach fragen.

Ich denke, insgesamt habe ich auf diesem Gebiet ein bisschen Pionierarbeit geleistet, denn im Jahr 2004/05 waren solche interaktiven Angebote noch nicht selbstverständlich. Darauf bin ich schon stolz, vor allem auch, weil dahinter keine Redaktion steht, die die Beiträge filtert, also mir nur Auszüge vorlegt, oder die Antworten von Praktikanten verfassen lässt. Das ist ein echter und ehrlicher direkter Kanal zwischen den Fans und mir. Natürlich konnte man auch vorher schon bei einem Sender anrufen oder einen Brief schreiben. Auch elektronische Kontaktmöglichkeiten waren bereits geschaffen worden. Aber das war immer eine gefilterte Kommunikation, niemals ein direkter Draht. Ein solcher ist mit einem gewissen zeitlichen Aufwand verbunden, denn eine Kommunikationsmöglichkeit ist nur dann etwas wert, wenn sie auch intensiv gepflegt wird. Wenn ich nicht regelmäßig schreibe, Informationen weitergebe oder Fragen beantworte, dann besteht auch kein Interesse, das Ganze zu verfolgen oder sich daran zu beteiligen. Aber das ist es mir wert, denn im Gegenzug bekomme ich eine (wenn auch nicht unbedingt repräsentative) Rückmeldung zu meiner Arbeit und der des Senders und erfahre darüber hinaus, was die deutschsprachigen Snookerfans so umtreibt. Es kann ja durchaus passieren, dass ich etwas missverständlich oder nicht ausreichend erklärt habe. Wenn dazu dann häufigere Nachfragen kommen, weiß ich, dass ich nachlegen muss. Überhaupt sind Fragen ein Indikator dafür, was die Zuschauer wissen wollen. Oder aber die User haben bestimmte Wünsche in Bezug auf unsere Online-Berichterstattung, die ich ja auch noch mache. Ich versuche, diese Wünsche zu erfüllen, sofern ich es selber in der Hand habe, oder leite sie an die Kollegen der Multimediaredaktion weiter.

Ein Motiv beim Aufbau einer interaktiven Community war für mich, dass ich unmöglich alle Fragen selber beantworten konnte, weder in der Eins-zu-eins-Kommunikation noch on air. Deswegen schlummerte bei mir immer der Hintergedanke: Ich kreiere eine Community, zu der auch Fans gehören, die sehr viel Ahnung vom Snooker haben und die viele Fragen von anderen Community-Mitgliedern beantworten können, sodass ein Eingreifen meinerseits nicht mehr erforderlich ist. Tauchen bestimmte Fragen regelmäßig auf, ist das für mich ein Hinweis, dass ein Informationsbedürfnis besteht, und wenn es gerade in den Zusammenhang passt, greife ich diese Themen dann in meinem Kommentar, also während der Übertragung, auf oder antworte auch schon mal schriftlich direkt auf Twitter. Bei meinen Live-Antworten halte ich es übrigens so, dass ich niemals die Namen oder Nicknames der Personen nenne, die die Frage hatten oder die den Kommentar eingestellt haben, sondern ich mache das immer in anonymer Form. Erstens weiß ich ja nicht, ob die Fragesteller öffentlich genannt werden wollen, und zweitens möchte ich verhindern, dass Öffentlichkeitssüchtige wie wild drauflosschreiben, nur um mal namentlich im Fernsehen erwähnt zu werden. Die Community soll wirklich ein Umfeld sein, wo man sich austauscht und sein Informationsbedürfnis befriedigen kann – bisher funktioniert das ausgesprochen gut.

Fragen werden zu allen möglichen Themen gestellt: zu einzelnen Spielern, zur Kleiderordnung, zum Regelwerk usw. Ein Klassiker: „Wo wird eine Farbe wieder aufgesetzt, wenn alle Spots blockiert sind?" (so nah wie möglich am eigenen Spot, auf einer gedachten senkrechten Linie vom Spot zur kurzen Bande bei Schwarz.) Oder: „Was passiert eigentlich, wenn kein korrekter Stoß möglich ist, wenn der Spielball zum Beispiel so von Farben zugestellt ist, dass physikalisch auf korrekte Art und Weise keine Rote zu treffen ist?" (wenn man in die richtige Richtung spielt und mit dem richtigen Tempo, dann gibt es zwar ein Foul, aber kein Miss; man muss den Stoß also nicht wiederholen). Manche Fragen, wie die gerade zitierten, lassen sich leicht beantworten. Bei anderen gilt es, sich bis in die feinsten Verästelungen des Regelwerks vorzuarbeiten. Da ist es dann besonders schön, dass eine Reihe qualifizierter Schiedsrichter in unserer Community dabei sind, die sehr kompetent antworten können. Und manchmal auch regelkundiger sind als die Spieler selbst. Nicht in unserer Community, aber ebenfalls per Tweet hat zum Beispiel Neil Robertson vor kurzer Zeit die Schiedsrichter gefragt, ob er, gesetzt den Fall, er hat einen Free Ball und nominiert eine Farbe als Ersatzrote, dann trotzdem eine Rote direkt anspielen und lochen dürfe oder nicht. Die korrekte Antwort lautet: Das darf er nicht; wenn er einen Free Ball hat, dann muss er den Free Ball auch als ersten anspielen und darf nicht den eigentlichen Ball als ersten anspielen. Solche Frage werden gerne unter den Mitgliedern unserer Community diskutiert – und meistens von jemandem auch richtig beantwortet, denn viele Fans folgen auch den Spielern und Schiedsrichtern auf Twitter und sehen daher diesen (öffentlichen) Austausch in ihrer Timeline.

Die Online-Community dient aber nicht nur der Klärung von Fachfragen, sondern verschafft auch ein Gemeinschaftserlebnis, denn viele Fans beklagen, dass sie in ihrem persönlichen Umfeld mit ihrer Leidenschaft für Snooker auf Unverständnis stoßen („Was, du schaust Snooker?"). Und das Fan-Dasein macht doch erst richtig Spaß, wenn man seine Begeisterung mit anderen teilen kann. Mit der Community wird sogar das Schauen vor dem heimischen Fernseher zum Gemeinschaftserlebnis – ich nenne das gern „virtuelles Rudelgucken".

Aus der virtuellen Community ergeben sich durchaus auch persönliche Begegnungen. Manche Mitglieder haben bei Veranstaltungen schon Treffen organisiert oder man hat sich im Vorfeld darüber ausgetauscht, wer zu dem betreffenden Event fährt und wo und wann man sich treffen könnte. Wenn ich das mitbekommen habe, bin ich nach Möglichkeit dazugestoßen, denn das ist eine schöne Gelegenheit, die Menschen, die so engagiert in Sachen Snooker online unterwegs sind, mal persönlich kennenzulernen und sich ein bisschen auszutauschen. Im Zusammenhang mit dem Paul Hunter Classic in Fürth, wo auch immer viele aus der Community sind, gab es einmal eine lustige Aktion: Wer andere Fans aus der Community persönlich kennenlernen wollte, sollte sich eine Wäscheklammer besorgen, so eine ganz normale Holzklammer, und darauf #147sf malen. Und plötzlich sah man in der Fürther Stadthalle überall Leute herumlaufen, die am T-Shirt, am Hemd, an der Bluse, wo auch immer, eine Wäscheklammer trugen, auf der #147sf stand.

Über die Online-Community kam es auch zu einer für mich sehr überraschenden und erfreulichen Kontaktaufnahme. Es stellte sich nämlich heraus, dass eine Userin die Tochter meines ehemaligen Mathematiklehrers und Tutors in der Oberstufe auf dem Gymnasium war. Nun muss ich dazu sagen, dass ich diesem Mathematiklehrer, Herrn Lenz, sehr, sehr dankbar bin, weil er zum einen ein erstklassiger Lehrer war, der in mir die Liebe zur Mathematik geweckt hat, und mir zum anderen in der für mich persönlich sehr schwierigen Phase, nachdem mein Vater gestorben war, geholfen hat. Er hat nicht viel gemacht, aber eben zum richtigen Zeitpunkt die richtigen Worte gefunden und mich dadurch ermutigt, meinen Lebensweg weiterzugehen und meine Ziele nicht aus den Augen zu verlieren. Aber erst in der Rückschau ist mir klar geworden, wie viel ich ihm zu verdanken habe. Dank unserer Online-Community bekam ich nun also die goldene Gelegenheit, mich nach über 40 Jahren per E-Mail (die Adresse bekam ich von der Tochter) richtig zu bedanken. Und Herr Lenz hat mir dann auch ganz lieb geantwortet und meinen Kommentarstil gelobt – denn nicht nur seine Tochter, sondern auch er schaut Snooker – und zwar mit dem schönen Zusatz: „Mit einer gewissen Überheblichkeit will ich konstatieren, dass sich da wohl einige mathematische Grundtugenden manifestieren." So schließt sich der Kreis.

Aus dieser Interaktivität ist übrigens meine Standardverabschiedung „Ihr/Euer Rolf Kalb" entstanden. Auch das war letztendlich eine spontane Idee. Im Internet ist es ja üblich, dass man sich gegenseitig duzt, also wurde auch ich von den anderen Usern geduzt beziehungsweise wenn jemand fragte, habe ich natürlich immer geschrieben: „Das ‚Du' ist absolut in Ordnung." So schien es mir nur natürlich, meine Zuhörer bei Eurosport bei der Verabschiedung auch zu duzen. Dennoch möchte ich aber nicht jeden Zuschauer ungefragt duzen und hatte dann die spontane Eingebung, mich mit „Ihr/Euer Rolf Kalb" zu verabschieden. Das wurde dann sehr schnell zu einer Art Markenzeichen, einer „catchphrase", die ich bis heute beibehalten habe.

NACHWORT

Als ich nach Abschluss des Manuskripts noch einmal die Seiten überflogen habe, fiel mir auf, wie sehr an vielen Stellen meine Begeisterung für Snooker durchscheint. Dies ist kein reines Sachbuch geworden, sondern auch eine persönliche Liebeserklärung an den Snookersport. Und das ist gut so. Dass ich Snooker liebe, ist ein offenes Geheimnis. Ohne diese Begeisterung könnte ich meine Arbeit nicht so engagiert ausüben. Wie sollen die Fernsehzuschauerinnen und -zuschauer von unseren stundenlangen Übertragungen fasziniert sein, wenn der Kommentator ohne Leidenschaft bei der Sache ist? Für mich unvorstellbar.

Oft sagen mir Fans, sie hoffen, dass ich meine Arbeit noch einige Zeit fortsetze – ich werte das als großes Kompliment! Ganz sicher kann man nie sein, aber gefühlt ist es bei mir bis zur Rente noch lange hin. Solange meine Kraft für diese hohe Schlagzahl reicht, werde ich weitermachen, und ich freue mich darauf! Für „die Zeit danach" habe ich jedoch reichlich Pläne. Man darf nicht vergessen, dass meine Frau Monika den höchsten Preis für meinen Job bezahlt. Ein Treffen mit Freunden, eine Fete in der Nachbarschaft, eine Familienfeier – nur allzu oft muss sie da alleine hingehen, denn „Rolf hat Snooker" (ein geflügeltes Wort bei uns). Freie Wochenenden sind eher die Ausnahme. Umso mehr bin ich meiner Frau dankbar, dass sie mein berufliches Engagement nicht nur akzeptiert, sondern mich immerzu nach Kräften unterstützt. Das ist wunderbar. Und ich freue mich auch auf ein Leben nach dem Snooker, in dem wir wieder mehr Zeit füreinander haben.

Das Schicksal hat es gut mit mir gemeint, ich bin mit meinem Leben rundum zufrieden, Als ich sehr jung Halbwaise wurde, war das nicht abzusehen. Umso mehr bin ich unserer Gesellschaft dankbar, dass sie es mir ermöglicht hat, meinen Traum zu leben. Und davon möchte ich nach meinem Karriereende etwas zurückgeben, in Form von gesellschaftlichem Engagement. Was genau ich machen werde, das weiß ich noch nicht, aber eines steht fest: Die Füße hochlegen werde ich auf keinen Fall.

Bis dahin hoffe ich, noch oft via TV bei Ihnen zu Gast sein zu dürfen. Und Sie wissen ja: Via Twitter haben Sie immer einen direkten Draht zu mir.

DANKSAGUNG

Vielen muss und will ich danken, ohne die es den Sportjournalisten und Snookerkommentator Rolf Kalb nicht gäbe und ohne die auch dieses Buch nicht entstanden wäre. Ich hoffe, ich vergesse niemanden; falls doch, bitte ich jetzt schon um Verzeihung.

- Danken muss ich zuallererst Neville Chamberlain, ohne dessen geniale Idee es Snooker gar nicht geben würde.
- Dankbar bin ich auch den vielen Spielergenerationen, die Snooker zu dem gemacht haben, was es heute ist.
- Ebenfalls dankbar bin ich der großen Snookerfamilie, die mich so warmherzig aufgenommen.
- Lob und Dank gebührt auch Eurosport. Es gehört Mut dazu, Snooker so viel Sendezeit einzuräumen. Umso mehr freut es mich, dass gute Zuschauerzahlen den Mut belohnen.
- Danke auch an Marten Brandt von Edel Books, der mich mit großer Beharrlichkeit von diesem Buchprojekt überzeugt hat und der die gesamte Entstehung mit großem Engagement und einem hohen Maß an Professionalität begleitet hat.

- Danke auch dem gesamten Team bei Edel Books, das alles dafür gegeben hat, dass dieses Buch zu einem Erfolg wird. Wenn es nicht gelingt, dann ist das nicht ihre Schuld.
- Danke an Ronit Jariv – sie hatte ursprünglich die Idee zu diesem Band und ohne sie wäre aus meinen wirren Gedanken niemals ein Buch geworden. Zudem hat sie auch meine gelegentlichen Panikattacken aushalten müssen, wenn ich mir Sorgen machte, ob mein Manuskript rechtzeitig fertig wird.
- Danke an meine Familie, die mich meinen Weg hat gehen lassen und die mich unterstützt hat, auch wenn ich mal wieder Haken geschlagen habe.
- Ein ganz besonderer Dank an meinen Lehrmeister Hans Groob, einen Vollblutjournalisten voller Leidenschaft, der mich maßgeblich geprägt hat.
- Danke auch an unsere #147sf-Snooker-Community auf Twitter! Ohne Euch wäre das Paket unvollständig. Namentlich nennen möchte ich Thomas Hünninghaus, der als mein Alter Ego ein Twitter-Veteran ist. Seine Hilfe beim Aufbau der Community war von unschätzbarem Wert und nach wie vor ist er in der Community unverzichtbar.
- Der größte und wichtigste Dank geht aber an meine Frau! Dass sie in mein Leben getreten ist und mir ihre Liebe gibt, ist das allergrößte Geschenk.